会说的父母
肯听的孩子

亲子关系的非暴力沟通法

[美] 海姆·G. 吉诺特——著

李双娟——译

**Between
Parent and Child**

Haim G. Ginott

河北科学技术出版社
·石家庄·

新流出品

前　言

没有哪位父母早上一醒来，就打算将孩子的生活搞得一团糟。没有哪位母亲或父亲会说："今天我要对我的孩子大喊大叫，唠叨不休，可劲儿地羞辱他！"相反，许多父母在早上下定决心："今天会是个平静的日子。不要大喊大叫，不要争吵，不要打架。"然而，尽管初衷良好，不受欢迎的"战争"还是再次爆发了。

为人父母意味着要面对一系列无休止的小事件、周期性的冲突和突发的危机，这些都需要我们做出回应。这种回应并不是没有后果的：它会或好或坏地影响个性和自尊。

我们相信，只有精神不正常的父母才会故意做出对孩子有害的回应。不幸的是，即使充满爱心和善意的父母也会对孩子指责、羞辱、控诉、嘲笑、威胁、贴标签、惩罚、训诫和说教。

为什么？因为大多数父母都没有意识到语言的破坏力。他们发现自己用自己不喜欢的语气，说出了他们的父母对他们说过的话——那些他们本不想说的话。这种沟通的悲剧往往不在于缺乏关爱，而在于缺乏理解；不是因为缺乏智慧，而是因为缺乏知识。

父母需要一种特殊的方式来与孩子建立联系，进行交谈。如果一位外科医生走进手术室，在麻醉师给我们麻醉之前说："我真的没有受过多少外科训练，但我爱我的病人，我会运用常识。"我们会有什么感觉？我们可能会惊慌失措，赶紧逃命。但有的父母认为只要有爱和常识就足够了。这对那些孩子来说，就不那么美妙了。和外科医生一样，父母也需要学习特殊技能，才能应对孩子的日常需求。就像训练有素的外科医生在切割时小心翼翼，父母也需要熟练地使用语言。如同用不好手术刀可能会伤害身体，错误的话语也会对心灵造成伤害。

要改善与孩子的沟通，我们应该从哪里开始呢？首先看看我们是如何说话的。我们其实知道哪些是恰当的用语。我们听到过父母对客人和陌生人使用这些词语。那种语言会顾及人们的感受，而非一味地去批判行为举止。

如果客人忘了拿伞，我们该说什么？我们是不是追着她说："你怎么回事？你每次来看我，都会丢三落四。不是忘这就是丢那。你怎么就不能像你妹妹一样？她来时，知道该怎么做。你已经44岁了！你永远都学不会吗？我不是跟在你屁股后面收拾的奴隶！我敢打赌，要是你的头没有长在肩膀上，你一定会把头忘掉！"我们可不会对客人这么说。我们只会递给她一把伞，说："爱丽丝，这是你的伞。"也不会多加一句"糊涂虫"。父母应该学会像对客人那样对孩子说话。

父母都希望孩子有安全感，幸福快乐。没有父母会故意让孩子感到恐惧、害羞，或变得不体贴、令人讨厌。然而，在成长过程中，许多孩子养成了不良的性格，无法获得安全感，没有学会尊重自己和他人。父母希望孩子有礼貌，他们自己的言行却很粗鲁；父母希望孩子整洁，他们自己却过得一塌糊涂；父母希望孩子自信，他们却常常对自己没有把握；父母希望孩子幸福快乐，自身往往糟心事不断。

事实上，每个孩子都可以在父母的支持下，成长为一个受人尊敬的人，一个怀有恻隐之心、信守承诺、胆识过人的人，一个以能力为内核、以公平为准则的人。要达到这些高尚的目标，父母需要学习高明的方法。只有爱或只有洞察力都是不够的，成为优秀父母需要一定的技巧。本书的主题就是如何获得和使用这种技巧，它将帮助父母把理想状态转化为日常实践。

希望本书能帮助父母明确与孩子相关的目标，并针对实现目标的方法提出建议。父母面临的都是些十分具体的问题，所以需要同样具体的解决方案，诸如"给孩子更多的爱""给予她更多的关注"和"给他更多的时间"之类的陈词滥调对他们没有帮助。

多年来，我们一直在个人心理治疗、群体心理治疗和育儿研讨会上与父母和孩子合作，本书就是实践的结晶。这是一本实用指南，为处理父母面临的所有日常情况和心理问题提供了具体的建议和首选的解决方案。本书根据基本的沟通原理提出具体建议，指导父母与子女在相互尊重的前提下和平共处。

目 录

1	第一章	沟通密码：亲子对话
27	第二章	语言的力量：更好的鼓励和引导方式
61	第三章	弄巧成拙：再正确的方法也做不对错事
85	第四章	责任：传输价值观念而非只求顺从
127	第五章	管教：寻找惩罚的有效替代方法
149	第六章	积极育儿：孩子生命中的一天
169	第七章	嫉妒：可悲的传统
187	第八章	儿童焦虑的根源：提供情感安全
201	第九章	性与人的价值观：需谨慎对待的重要话题
223	第十章	总结：育儿之道
235	后 记	

第一章

沟通密码：亲子对话

孩子的问题：隐藏的意义

与孩子交谈是一门独特的艺术，它往往有自己的规则和含义。在交流中，孩子的话并非如大人们听起来那般幼稚可笑。他们在言语间留下的信息如同代码一样，等着我们去破译。

10岁的安迪问父亲："哈莱姆区有多少孩子被遗弃？"安迪的父亲作为律师，很高兴看到儿子对社会问题感兴趣。他就这个问题输出了长篇大论，还查了具体数据。但安迪并不满意，继续问同样的问题："纽约市有多少孩子被遗弃？美国呢？欧洲呢？全世界呢？"

终于，安迪的父亲意识到，儿子关心的不是社会问题，而是个人问题。安迪的问题，与其说是出于对被遗弃儿童的同情，不如说是害怕自己被遗弃。他想得到的不是弃儿的数量，而是他不会被遗弃的保证。

父亲理解了安迪的担忧，于是这样答道："你是担心爸爸妈妈有一天会像一些抛弃孩子的父母那样抛弃你。但我向你保证，我们不会抛弃你。如果再有这样的问题，可以和爸爸直说，我会想办法让你安心的。"

5岁的南希第一次去幼儿园。她的妈妈还没有离开时，她望着墙上的画,大声问道:"这些难看的画是谁画的?"南希的妈妈很尴尬。她为难地看着女儿,赶紧告诉她:"画得那么漂亮,还说难看,这可不好。"

一旁的老师明白了南希问题中隐含的意思,笑着说:"在这里不需要画得好看。如果乐意,你可以画一些不漂亮的画。"南希的脸上露出了灿烂的笑容,因为现在她隐含的疑问"画得不好的女孩会怎么样呢?"得到了回答。

接着,南希捡起一辆坏了的消防车,装模作样地问:"谁把这辆消防车弄坏了?"妈妈回答说:"是谁弄坏的对你来说有什么区别呢?在这里你谁都不认识。"

其实南希对是谁弄坏的玩具并不感兴趣。她想知道的是弄坏玩具的孩子会怎么样。理解了这个问题,老师给出了恰当的回答:"玩具是用来玩的。有时候会坏掉。这是常事儿。"

南希似乎很满意。她的对话技巧让她获得了必要的信息:这个大人很好,不轻易生气,就算画的画很丑,把玩具弄坏了,我也不用害怕,在这里很安全。南希向妈妈挥手告别,然后走向老师,开始了她的第一天幼儿园生活。

12岁的卡罗尔焦虑不安,泪水涟涟。过了夏天,她最喜欢的表妹就要回家了。不幸的是,母亲对卡罗尔的悲伤既不同情也不理解。

卡罗尔(含着眼泪):苏茜要走了。我又是孤零零的了。
母亲:你会找到另一个朋友的。
卡罗尔:我会很寂寞的。

母亲：你能克服的。
卡罗尔：妈妈啊！（哭泣声）
母亲：你都12岁了，还是这么爱哭。

卡罗尔狠狠瞪了妈妈一眼，然后逃回自己的房间，关上了门。这个故事本应该有一个更美好的结局。一定要认真对待孩子的感受，即使事情本身并不是很严重。在母亲看来，夏末的分离可能是小事一桩，不值得流泪，但她的反应不应该是毫无同情的。卡罗尔的母亲应该告诉自己："卡罗尔很苦恼。我应该尽可能帮她，让她知道我理解她的感受。我该怎么做？将她的情绪反馈给她。"如此，她会说以下的话：

"没有苏茜，会很寂寞的。"
"你已经开始想她了。"
"你们相处这么久，分开后确实很难习惯。"
"苏茜不在，你一定觉得家里空荡荡的。"

这样的回应会增进父母和孩子之间的亲密度。孩子们感到被理解时，孤独感和伤害就会被冲淡。当孩子得到理解时，他们对父母的爱就相应地加深了。父母的体恤是感情受伤时的急救药。

我们真诚地承认孩子的困境，说出她的失望，她往往会鼓起勇气去面对现实。

7岁的爱丽丝计划下午和朋友莉亚一起玩。突然，她想起那天下午童子军小分队要开会。爱丽丝哭了起来。

母亲：你感觉很沮丧。你本来很期待今天下午和莉亚一起玩的。

爱丽丝：是的。为什么童子军不能改天开会？

爱丽丝止住眼泪给莉亚打电话，又约了一个时间。然后，她开始换衣服，准备参加童子军大会。

爱丽丝的母亲对女儿的失望表示理解和同情，并帮助爱丽丝处理生活中不可避免的冲突和沮丧。爱丽丝的母亲觉察到爱丽丝的沮丧，并向她反馈了她的真实愿望。爱丽丝的母亲对这件事没有轻描淡写，没有说："为什么这么大惊小怪！改天再和莉亚玩。有什么大不了的？"

她有意避开这样的陈词滥调："好吧，你分身乏术。"她也没有这样指责孩子："你明知道星期三是童子军日，怎么还约了朋友一起玩呢？"

下面这个简短的对话说明了这位父亲如何通过简单地认可儿子的感受和抱怨来减轻他的愤怒。

大卫的父亲平时上夜班，会在妻子白天工作的时候照顾家庭。他购物回家，发现8岁的孩子正在生气。

父亲：我看到了一个气呼呼的男孩。事实上，我看到的是一个超级生气的孩子。

大卫：我生气了。其实我真的非常生气。

父亲：哦？

大卫：（非常平静）我想你了。我放学回家的时候你都不在。

　　父亲：很高兴你告诉我。现在我知道了，你想让我在家等你放学回来。

　　大卫抱了抱爸爸，出去玩了。大卫的父亲知道如何改变儿子的情绪。他并没有解释不在家的原因，以此来为自己辩护："我得去购物。如果不买吃的，你吃什么？"他也没有问："你为什么这么生气？"相反，他认可了儿子的感受和抱怨。

　　大多数父母没有意识到，让孩子理解他们的抱怨不合理，理解他们的想法有错误，这种做法是徒劳的，只会导致争吵和生气。

　　一天，12岁的海伦放学回到家时，看起来非常沮丧。

　　海伦：我知道你会失望。我考试只得了B。我知道拿A对你来说有多重要。

　　母亲：可是，我真的不在乎。你怎么能说出这种话？我对你的成绩一点儿也不失望。我觉得B就可以了。

　　海伦：那为什么我没有拿A的时候，你总是对我大吼大叫？

　　母亲：我什么时候吼过你？是你自己很失望，却怪在我头上。

　　海伦哭了起来，跑出了房间。尽管海伦的母亲明白，女儿没有承认对自己的失望，反而来责怪她，但向女儿指出这一点还与女儿争论,并没有让女儿感到好受。海伦的母亲如果认可女儿的看法,说:"你希望成绩对我来说没那么重要。你想自己决定什么是好成绩。我明白了。"这样会更有帮助。

不仅是孩子,就连陌生人也会感激我们对他们的困难充满同情和理解。格拉夫顿太太说她不喜欢去银行。"那里总是很拥挤,经理看起来总是一副赏脸帮我的样子。一接近他我就开始紧张。"有一个星期五,她不得不去让他签发支票。看到他对别人的态度,她变得心烦意乱,后来她决定试着把自己放在他的位置上,思考并接纳他的感受,表达对他的理解。"又是一个难熬的星期五!每个人都想让你郑重以待。还没到中午呢!真不知道你这一天怎么熬。"听到格拉夫顿太太这么说,经理的脸上露出愉悦的表情。她第一次看见他面带微笑。"哦,是的,这里总是很忙。每个人都想优先办理业务。您有什么需要我做的?"他不仅签了支票,还陪她到出纳员那里,以便更快地处理支票。

无果对话：
说教与批判产生距离与怨恨

父母和孩子对话时总是感到沮丧，因为对话毫无结果，正如那段经典的对话："你去哪里了？""出去了。""你干什么了？""没干什么。"父母试图讲道理，但很快就会发现这可能让人精疲力竭。正如一位母亲所说："我试着和孩子讲道理，讲得我面红耳赤，但他就是不听。只有歇斯底里地大喊大叫，他才能听我说。"

孩子们往往抗拒与父母对话。他们讨厌被人说教、谩骂和批评。他们觉得父母说得太多了。8岁的大卫对妈妈说："我只不过问你一个小问题，你为什么说起来没完没了？"他向朋友们透露："我什么都不告诉妈妈。和她一聊起来，我就没有时间玩了。"

如果无意中听到父母和孩子之间的对话，感兴趣的观察者会惊讶地注意到双方很少倾听对方的话。对话听起来像两段独白，一段是批评和指示，另一段是否认和恳求。这种沟通的悲剧不是因为缺乏爱，而是因为缺乏尊重；不是因为缺乏智慧，而是因为缺乏技巧。

想与孩子进行有意义的沟通，我们的日常用语远远不够。为了让孩子听进去话，减少父母的挫败感，我们需要学习用更贴心的方式与他们交谈。

沟通促进联系：
回应孩子的感受，而不是孩子的行为

与孩子沟通，应以尊重和技巧为基础。这就要求：①传达的信息应维护孩子和父母的自尊；②理解先于建议或教导。

9岁的埃里克满腔怒火地回到家。他的班级原定去野餐，但是下雨了。他的父亲决定采用一种新方法来回应他。父亲避免了过去那种只会让事情变得更糟的陈词滥调："因为坏天气哭泣是没用的。还会有其他日子可以去玩。要知道不是我让天下雨的，那你为什么要生我的气？"

相反，埃里克的父亲自言自语道："我儿子对错过这次野餐耿耿于怀。他很失望。他正通过向我展示他的愤怒来与我分享他的失望。他有权表达自己的情绪。我对他最好的帮助就是理解和尊重他的感受。"

他对埃里克说："你好像很失望。"

埃里克：对。
父亲：你很想去野餐。
埃里克：当然想。
父亲：你什么都准备好了，却下起了该死的大雨。
埃里克：没错。

沉默了一会儿，埃里克说："好吧，以后还有机会的。"他的怒气似乎已经消失了，整个下午他都很听话。通常埃里克怒气冲冲地回家时，全家人都会跟着心烦意乱。他迟早会激怒家里的每一个人。直到深夜，他终于睡着了，家里才恢复平静。父亲这种新方法特别在哪儿？它有哪些可取之处？

孩子们处于强烈的情绪之中时，听不进任何人的话。他们不能接受建议、安慰或建设性的批评。他们想让我们了解他们的内心，了解他们此时的感受。此外，他们希望不必一五一十地把事情说清楚，就能得到父母的理解。这是一场游戏，他们只透露了一点点自己的感受。剩下的要靠我们自己猜。

孩子告诉我们"老师凶我"，不必问他更多细节，也不需要说："你做了什么，值得老师凶你？如果老师凶你，一定是你干了什么事。你干什么了？"我们甚至不必说："哦，我很抱歉。"我们需要向她表明，我们理解她的痛苦、尴尬和愤怒。

一天，8岁的安妮塔回家吃午饭时，怒气冲冲地说："我不去上学了。"

母亲：你看起来很不高兴。你愿意告诉我为什么吗？
安妮塔：老师把我的论文撕了。我花了那么多心血，她只是看了看，然后就撕了。
母亲：没有经过你的允许？难怪你这么生气！

安妮塔的母亲没有发表任何其他评论，也没有提出任何问题。她知道，如果想帮助女儿减轻愤怒，需要以理解和同情的态度与她交谈。

另一个例子是：9岁的杰弗里放学回到家，看起来很不开心。他抱怨道："老师让我们这一整天都很糟糕。"

母亲：你看起来累坏了。
杰弗里：两个孩子在图书馆里吵闹，她不知道是谁。所以她惩罚我们所有人，让我们一整天都待在大厅里。
母亲：全班学生一整天光是静静地站在大厅里，也不学习！难怪你看起来很累。
杰弗里：但我跟她说了。我说："琼斯女士，我相信你有能力找出是谁制造的噪声，那样你就不用惩罚我们所有人了。"
母亲：我的天，一个9岁的小男孩帮助他的老师认识到因为几个人的不良行为而惩罚全班同学是不公平的！
杰弗里：一点儿用都没有。但至少这是她今天第一次笑出来。
母亲：嗯，你没有改变她的想法，但你肯定改变了她的心情。

通过倾听、尊重儿子的感受，认可他的看法，并以赞赏的态度回应他为解决问题所做的努力，杰弗里的母亲帮助他改变了情绪，减少了愤怒。

如何知道孩子的感受？看着他们，倾听他们，也可以借鉴自己的情感经历。当我们弄清了孩子在同龄人面前被当众羞辱时的感受以后,我们要斟酌措辞,表达出对孩子的理解。以下任何一种说法都是可取的:

"那一定非常尴尬。"

"这一定让你气坏了。"

"那一刻你一定很恨老师。"

"这一定深深地伤害了你的感情。"

"今天对你来说很糟糕。"

不幸的是,面对孩子的不当行为时,父母没有意识到,那些令人不安的情绪往往会助长这种行为。改善行为之前,必须先处理好情绪。

正如12岁的本的母亲所说:"我昨天下班回家,还没来得及脱外套,本就从卧室里冲了出来,开始抱怨他的老师:'她布置的作业太多了,一年都写不完。我怎么可能在明天早上之前写完这首诗呢?我还欠着上周的一个小故事呢。今天她对我大吼大叫。她一定很讨厌我!'

"我没沉住气,冲他大吼:'我的老板跟你的老师一样刻薄,但你听我抱怨过一句吗?!难怪老师会对你大吼大叫。你的作业从来都写不完。你就是太懒了。别抱怨了,写作业去,不然你又要写不完了。'"

"你表达了愤怒之后发生了什么?"我问道。

"我儿子气呼呼地回到房间,锁上门,不下来吃晚饭。"

"那你感觉如何?"我问道。

"很糟糕。整个晚上都被搞砸了。每个人都不高兴，心情压抑。我很内疚，但不知道该怎么办。"

"你认为你儿子的感受如何？"

"他肯定是生我的气了，还害怕他的老师，沮丧、绝望、心烦意乱，无法集中注意力。我承认我的做法没帮到他。但是一见他怨天尤人，不想承担责任，我就受不了。"

如果本能够表达自己的感受，而不是抱怨，整个事件就可以避免了。如果他能说："妈妈，我害怕明天去上学，我要写一首诗和一个小故事，我太难过了，无法集中注意力。"他的母亲就能够同情儿子，认可他的困境。她可以善解人意地这样解释："哦，你是担心明天早上之前不能写完一首诗和一个小故事。难怪你会不知所措。"

遗憾的是，无论是我们还是我们的孩子，都没有被教过分享自己的感受。很多时候，我们甚至不知道自己的感受。

通常，当孩子发现难以应对时，会生气，并将自己的困境归咎于他人。这往往会激怒父母，然后父母会责怪孩子，并说一些会令自己后悔的话，但没有解决问题。

孩子们难以说出自己的感受，可如果父母能够学会倾听愤怒背后所隐藏的恐惧、绝望和无助的情绪，那将会很有帮助。父母需要的不是对孩子的行为做出反应，而是对孩子的不安情绪做出反应，并帮助他们应对。只有当孩子们的情绪恢复正常，他们才能清晰地思考，并做出正确的行为——正确的行为指集中注意力，并能够倾听。

当孩子们听到"那样的情绪不好"，或者父母试图说服他们

"你不该这么觉得"时,他们强烈的情绪并不会消失。强烈的情绪不会因为被驱赶而消失;但当听者以理解和同情的态度接受它们时,它们的强度确实会减弱,并褪去锋芒。这一说法不仅适用于孩子,也适用于成年人,以下摘自家长研讨小组的讨论可以说明这一点。

组长:假如这是一个似乎事事都出错的早晨。电话铃响了,婴儿哭了,你还没反应过来,面包就被烤焦了。你的配偶看着烤面包机说:"我的天哪!你什么时候才能学会烤面包啊!"你对此有何反应?

A:我会把烤面包扔到他的脸上!

B:我会说:"自己烤你那该死的面包去吧!"

C:我会很受伤,只能哭。

组长:配偶的话会让你对他(她)有什么感觉?

组员们:愤怒,憎恨,怨恨。

组长:你能再烤点儿面包吗?

A:只要我能在里面放点儿毒药!

组长:你觉得今天过得怎么样?

A:一整天都被毁了!

组长:假设情况是一样的:面包被烤焦了。但你的配偶看了看,说:"天哪,亲爱的,这对你来说是个艰难的早晨——孩子哭,电话响,面包又烤焦了。"

B:我会感觉好多了!

C:我会感觉很好,我会拥抱他,亲吻他。

组长:为什么?婴儿还是在哭,面包还是焦了呀?

组员们：那不要紧。

组长：有什么不同？

A：你会感到庆幸，你没有受到批评。

组长：这一天会怎么样？

C：非常愉快。

组长：现在我们假设第三个情景。你的配偶看了看烤焦的面包，平静地对你说："亲爱的，我来教你怎么烤面包。"

B：哦，不，这比第一个情景更糟糕。我会觉得自己很愚蠢。

组长：让我们来看看面包事件这三种不同的处理方法，我们是如何应用在对待孩子上的。

A：我知道你是什么意思。我总是对我的孩子说："你已经足够大了，应该知道这了；你已经足够大了，应该知道那了。"这一定让孩子很生气。往往的确如此。

B：我总是对女儿说："让我教你怎么做这、怎么做那。"

C：我已经习惯了被批评，这对我来说很自然。我现在说的话，跟我小时候我妈骂我的话一模一样。为此我恨她。我从没做对过一件事，她总是让我重做。

组长：你发现你现在对你女儿说的话一样？

C：对。我一点儿都不喜欢这样做。这样做的时候我讨厌自己。

组长：让我们看看我们能从烤面包的故事中学到什么。是什么帮助我们把刻薄变成了爱？

B：有人理解你。

C：没有责备你。

A：不告诉你如何改进。

这个片段[改编自吉诺特的《儿童群体心理治疗》(麦格劳－希尔公司[1]，1961年版)]说明了言语的力量能够产生敌意或快乐。这个故事的寓意是，我们的反应（言语和感觉）可以对家庭气氛产生决定性的影响。

1　麦格劳－希尔公司（McGraw–Hill）：简称MHP，是一家全球性的信息服务公司，是美国著名的常春藤公司，世界500强企业，以教育、金融、商业领域的信息收集和分析见长。——译者注

对话原则：
理解与同情

孩子讲述或询问一个事件时，最好的回应往往不是关于事件本身，而是其中隐含的关系。

6岁的弗洛拉抱怨说，"最近"她收到的礼物比哥哥少。她的母亲没有否认这一抱怨。她没有向弗洛拉解释，哥哥比她大，因此应该得到更多。她也没有承诺要纠正错误。她知道，比起礼物的大小和数量，孩子们更关心他们与父母关系的密切度。母亲说："你想知道我是不是和爱哥哥一样爱你？"她没有再多说什么，而是拥抱了她的弗洛拉，弗洛拉报以惊喜的微笑。一场本可能无休无止的争论就这样结束了。

许多童年问题的背后是对安心的渴望。对于这些问题，最好的回答是向孩子保证我们会永远和他们保持亲密。

孩子讲一件事时，有时最好不要对事情本身进行回应，而是回应孩子对事件的感受。7岁的格洛丽亚回家时很沮丧。她告诉父亲，她的朋友多莉是如何被推下人行道，掉进满是雨水的排水沟里的。她的父亲没有追问详情，也没有故作声势要惩罚冒犯多莉的人，而是回应了女儿的感受。他说："这一定让你很难过。你很生做这事的男孩的气。你现在还在生他们的气。"

对于所有这些说法，格洛丽亚回答得斩钉截铁："对！"父亲说："你害怕他们也会这样对你吗？"格洛丽亚坚定地回答："让他们试试，我会把他们一起拖下去。那水花可就大了！"然后，她开始对脑海中的画面大笑起来。这段对话圆满收尾，本来这场对话可能会变成关于自卫方法的无用说教。

孩子带着一大堆对朋友、老师或生活的抱怨回家时，最好是对这种情绪做出回应，而不是试图查明事实或核实真相。

10岁的哈罗德回家时，非常暴躁，抱怨连连。

> 哈罗德：我太伤心了！老师说我撒谎，只是因为我告诉她我忘了带作业。她对我大喊大叫，大喊大叫！她说她会给你写张便条。
>
> 母亲：你今天过得很糟糕。
>
> 哈罗德：说得太对了。
>
> 母亲：当着全班同学的面被称为骗子，一定很尴尬。
>
> 哈罗德：确实如此。
>
> 母亲：我敢打赌，你心里一定希望她倒霉！
>
> 哈罗德：哦，是的！你怎么知道的？
>
> 母亲：有人伤害我们时，我们通常都是这样想的。
>
> 哈罗德：那我就放心了。

当孩子们发现自己的感受是人类体验的正常组成部分时，他们会有一种深深的安慰。没有比理解他们更好的安慰方式了。

孩子说到自己时，最好不要以同意或不同意来回应，而是用具体细节来传达给孩子超出他们预期的理解。

一个孩子说"我算术不好",告诉她"是的,你的数学很糟糕"是没有什么用的。反驳她的观点,或给她没有意义的建议"多学习学习就会好"也没有什么帮助。这种草率的帮助只会伤害她的自尊,但接踵而至的教训只会打击她的信心。

可以用真诚和理解回应她说的"我算术不好"。下面任何一句都可以:

"算术不容易学。"
"有些问题很难弄清楚。"
"老师的批评并没有让它变得更容易。"
"算术让你觉得自己很笨。"
"我敢打赌,你一定迫不及待地想让这一小时过去。"
"下了课你才感觉好一些。"
"考试的时候一定特别难熬。"
"你一定很担心不及格。"
"你一定在担心我们会怎么想。"
"你一定是怕我们会对你失望吧。"
"我们知道有些科目不容易。"
"我们相信你会尽力的。"

一个12岁的女孩说,把不及格的成绩单带回家后,父亲和她说话时表示十分理解,她几乎要晕倒了。她在心里说:我一定不能辜负爸爸对我的信任。

几乎每个父母都会偶尔听到儿子或女儿说:"我真笨。"父母当然知道自己的孩子不笨，于是就开始说服他，让他相信自己很聪明，就像这位父亲一样。

  查尔斯：我真笨。
  父亲：你不笨。
  查尔斯：不，我很笨。
  父亲：你不笨。记不记得野营时你有多聪明？辅导员说你最聪明。
  查尔斯：你怎么知道他怎么想的？
  父亲：他跟我说的。
  查尔斯：那他怎么一直说我笨？
  父亲：他是开玩笑的。
  查尔斯：我笨，我知道。看看我在学校的分数。
  父亲：你需要再努力一点儿。
  查尔斯：我已经努力了，但没有什么用。我没有脑子。
  父亲：我相信你是聪明的。
  查尔斯：我知道自己很笨。
  父亲（大声道）：你不笨！
  查尔斯：才不，我笨死了！
  父亲：你不笨，你个笨蛋！

  孩子宣称自己很笨、很丑或很坏时，我们无论说什么或做什么都不会立即改变他的自我评价。一个人对自己根深蒂固的看法难以直接发生改变。正如孩子对他的父亲说的那样："爸爸，我知道你是好意，但我还没傻到相信你说我聪明的话。"

孩子表现出对自己的负面看法时,我们的否认和反对对他没有什么帮助。他们只是更有力地表明了他的信念。我们能提供的最好帮助就是向他表明,我们不仅理解他的感受,而且还理解其中的深意。例如:

伊凡:我很笨。

父亲(严肃地):真的吗?你不认为自己很聪明吗?

伊凡:是的。

父亲:那你心里很难受吧?

伊凡:对。

父亲:你在学校常常会害怕吧,怕失败,怕得低分。老师叫你回答问题时,你会很慌张。就算知道答案,也可能说不好。你怕你的话听起来很可笑……怕老师会批评你……怕孩子们笑话你。所以很多时候你干脆什么都不说。我猜,你还记得某些时候你说了什么被他们嘲笑过。那时你肯定觉得自己很愚蠢。同时你心里也很受伤,很生气。(此时,孩子可能会告诉你他的一些经历。)

父亲:儿子,在我眼里你是个好孩子。但你对自己有不同的看法。

这场对话可能不会当即改变孩子的自我评价,但这可能会在他心中埋下怀疑的种子。他可能会想,如果爸爸理解我,认为我是一个好孩子,也许我并不是那么一无是处。这种谈话所产生的亲密感可能会让儿子努力不辜负父亲对他的信任。最终,他会在自己身上找到更有希望的答案。

孩子说"我的运气就没好过"时，任何争论或解释都不会改变他的想法。我们每提一个幸运的例子，他都会用两个不幸的故事来反驳。我们所能做的，就是向他表明，我们深深地理解她形成这种观念时的感受：

安娜贝尔：我运气一直不好。

母亲：你真这么觉得？

安娜贝尔：对。

母亲：玩游戏的时候，你心里会想"我运气差，赢不了"。

安娜贝尔：对。我就是那样想的。

母亲：在学校，如果你知道答案，会觉得老师今天不会叫你回答。

安娜贝尔：对。

母亲：但是如果你没写作业，则会觉得，老师今天肯定叫你。

安娜贝尔：没错。

母亲：我猜你还能举出更多例子。

安娜贝尔：当然能……比如……（孩子举出例子）

母亲：我对你对运气的看法很感兴趣。如果发生了什么你认为是坏运气，或者是好运气的事情，快来告诉我，咱们再讨论。

这段对话可能不会改变孩子对自己运气不好的看法，然而，这可能会让她明白，有这样一位善解人意的母亲，她是多么幸运。

鱼游浅底，鸟搏长空，人感知万物：
混杂的情感和混杂的信息

孩子对大人既爱又恨。他们对父母、老师和所有权威人士持有双重态度。父母很难接受这种爱恨交织的矛盾态度，他们自己不喜欢，也无法容忍孩子怀有这种态度。他们认为，对人，尤其是对家庭成员有双重态度本身就有问题。

我们可以学着去接受自己和孩子内心存在的矛盾情绪。为了避免不必要的冲突，孩子们需要知道这种感觉是正常且自然的。承认并表达这些矛盾的情绪，可以使孩子避免内疚和焦虑：

"你对老师好像有两种感觉：既喜欢又不喜欢。"

"你对哥哥好像有两种感觉：既崇拜又讨厌。"

"你对这件事有两种倾向：你想去露营，但是又想待在家里。"

平静地、不带批判性地陈述他们的矛盾心理，对孩子很有帮助，因为这向他们传递出即使他们的感受混杂不堪，我们也能理解一二。就像一个孩子所说："如果我复杂的感受可以得到理解，它们就不会那么复杂了。"相反，下面这样的话则毫无助益："小子，想法太混乱了！前一分钟你还喜欢你的朋友，后一分钟又讨厌他。赶快确定你的想法，如果你有脑子的话。"

人类对现实更深一层的考量想到了这样的可能性,即哪里有爱,哪里就有恨;哪里有钦佩,哪里就有嫉妒;哪里有奉献,哪里就有敌意;哪里有成功,哪里就有忧虑。人类要意识到所有的感受——积极的、消极的或者矛盾的——都是合理的,这需要极大的智慧。

想要真正接受这样的理念并不容易。童年经受的训练、成人接受的教育使我们倾向于相反的观点。我们一直都被教导说,消极的情绪是"不好的",不应该被感受到,或者人应该为此感到羞耻。新的理念指出,我们只能对真实发生的行为进行评判,而处于想象中尚未做出的行为,无论好坏都不应被评判。只有行为才能受到谴责或赞扬,而感觉不能也不应该受到谴责。评判感觉、谴责幻想,就是对人身自由和心理健康施暴。

情感是我们遗传基因的一部分。鱼游浅底,鸟搏长空,人感知万物。我们有时很快乐,有时不快乐;而在生活中,我们肯定会感到愤怒和恐惧、悲伤和喜悦、贪婪和内疚、欲望和轻蔑、喜欢和厌恶。虽然不能自由地选择内心产生的情感,但我们可以自由地选择什么时候、通过什么方式去表达这些情感,前提是我们能清楚地分辨自己的感情。而这恰恰是问题的症结所在。许多人被教育得分不清自己的感情。感到厌恶时,他们被告知这只是不喜欢;害怕的时候,他们被告知没什么好怕的;感到疼痛时,他们被建议要勇敢地微笑。许多人都被教导在不快乐的时候假装快乐。

用什么来代替这种伪装?用真相。情感教育可以帮助孩子认识自己的感受。对孩子来说,知道自己的感受比知道为什么有这种感受更重要。如果清楚地知道自己的感觉是什么,孩子内心的"混乱"就会少一些。

情绪反射：
说出孩子的感受有助于他们理解自己的感受

孩子们通过在镜子里看到自己的形象来了解自己的外貌，通过观察别人对自己情绪的反应来了解自己的情感。镜子的作用是将照到的图像原样映射出来，而不加饰优点或缺点。我们不想听镜子说："你看起来很糟糕。你的眼睛充血，脸也肿了。真是一团糟。你最好做点儿什么。"这样的魔镜接触几次后，我们会像躲避瘟疫一样避开它。从镜子里，我们想得到的仅仅是自己真实的形象，而不是说教。我们可能不喜欢自己看到的形象，不过，我们还是宁愿自己来决定下一步的美容举措。

同样，情绪镜子的作用是没有任何失真地反映情感的本来面目。

"你看起来很丑。"
"听起来你好像很讨厌他。"
"你好像很反感整件事。"

对有这些感受的孩子来说，这些说法是最有帮助的。这些说法清楚地表明了他或她的感受。无论是在镜子里还是在情绪镜子里，清晰的形象都为自我修饰和改变提供了机会。

作为成年人，我们都曾感觉到伤心、愤怒、恐惧、困惑或悲伤。情绪激动的时候，没有什么比一个能够倾听和理解我们的人更能让人感到安慰了。对成年人来说如此，对孩子来说同样也是这样。关爱的沟通取代了批评、说教和建议，成为富有人情味儿的疗愈剂。

孩子感到痛苦、害怕、困惑或悲伤时，我们自然会急匆匆给出判断和意见。这句话传达出的明确（或许是无意的）信息是："你太笨了，不知道该怎么办。"在原有的痛苦之上，我们又给孩子加上了新的侮辱。

事实上还有更好的办法。当我们付出了时间和同情心去理解孩子，就能传达出大不一样的信息："你对我很重要。我想理解你的心情。"这一重要信息的背后是一种保证："平静下来，你会找到最好的解决办法。"

第二章

语言的力量：更好的鼓励和引导方式

心理治疗中，心理医生从来不会告诉孩子："你是个好孩子。""你很棒。"心理医生要避免评判和评价性的赞扬。为什么？因为这毫无帮助。这会让孩子产生焦虑感，引起他们的依赖性，并唤起防御性，不利于自立、自控和自制，而这些品质需要独立的成长空间，它们需要依靠内在的动机和评价而形成。孩子们需要摆脱评价性赞扬的压力，这样他们就不会依靠别人获得认可。

表扬对孩子不再有好处了吗?

有时候不良行为在最意想不到的时刻出现。

那是感恩节的周末后的星期一早晨。这家人当时正在从匹兹堡开车回纽约的路上。6岁的伊万坐在汽车后座上,表现得像个天使,一声不响,若有所思。他的母亲对他说:"你值得表扬。"刚进入林肯隧道,她转过身对他说:"伊万,你真是个好孩子。你表现得真好。我为你感到骄傲。"

一分钟后,伊万抽出烟灰缸,把里头的东西撒了父母一身。烟灰和烟头四处飘落,就像原子弹爆炸了一样。这家人当时正在交通拥挤的隧道里,被呛得透不过气来。伊万的妈妈简直想杀了他。最让她不高兴的是,自己刚刚还表扬了他。她问自己,表扬对孩子不再管用了吗?

几个星期后,伊万自己透露了当时突然爆发的原因。回家的路上,他一直在想怎样才能摆脱弟弟,弟弟在汽车的前排,偎偎在爸爸妈妈之间。最后他想到,如果他们的车被大刀从中间一分为二,他和爸爸妈妈很安全,但弟弟会被切成两半。就在这时,妈妈夸他表现好。这样的表扬让他感到内疚,他拼命想表明自己不配得到这样的表扬。他环顾四周,看到了烟灰缸,接着就发生了上述的事。

做好一件事并不能让你变成一个好人

大部分人认为表扬能够树立孩子的自信心,让他们产生安全感。事实上,表扬也可能会带来压力和不良行为。为什么呢?因为许多儿童会不时地对家庭成员抱有破坏性的愿望。当父母告诉孩子"你真是个好孩子"时,他可能无法接受,因为这和他所了解的自己大相径庭。在他自己看来,他不可能是"好孩子",刚刚他才希望妈妈消失或者他的兄弟下周末在医院度过。事实上,他越是受到赞扬,为了表现出"真实的自我",他的行为就越出格。父母们经常提到,刚夸完孩子表现好,他们就开始胡闹,好像要证明父母的表扬是错误的。不良行为可能是孩子表达对自己的外在形象持保留意见的方式。

那些被夸聪明的孩子,较少进行有挑战性的学习任务,因为他们不想拿自己的好名声冒险,这很正常。相比之下,那些被夸努力的孩子,面对困难的任务会更加执着。

可取的和不良的表扬方式

表扬就像青霉素一样,决不能随意使用。这类强效药的使用有一些规则和注意事项——时间、剂量以及可能的过敏反应。情绪药物的使用也有类似的规则。最重要的一条是,只表扬孩子的努力和成就,而不夸赞他们的性格和个性。

孩子打扫院子时,感叹一下她干活儿多么辛苦,院子看起来多么漂亮,是合理的。而夸她本人多么好则既不相干,也不合适。表扬应该反映出孩子的成就,而不是扭曲孩子的个性。

下面的例子说明了什么样的表扬是可取的:8岁的朱莉努力打扫院子。她耙了耙树叶,清理了垃圾,并重新摆放了工具。她的母亲很是欣慰,并对她的努力和成就表示赞赏:

> 母亲:真是不敢相信,那么脏的院子一天就能打扫干净。
> 朱莉:我扫的!
> 母亲:原来到处都是树叶、垃圾和杂物。
> 朱莉:我把它清理干净了。
> 母亲:你肯定费了不少劲!
> 朱莉:确实是。
> 母亲:院子现在真干净,看着就高兴。
> 朱莉:很不错。
> 母亲:你喜气洋洋的小脸告诉我你是多么自豪。谢谢你,宝贝儿。
> 朱莉(露出大大的笑容):不用客气。

妈妈的话让朱莉为自己的努力感到高兴,为自己的成就感到自豪。那天晚上,她迫不及待地等着父亲回家,让他看看打扫干净的院子,并再次因为出色地完成了一项任务而感到自豪。

相反,下面这些针对孩子人格的表扬是不可取的:

> "你真是个好姑娘。"

"你真是妈妈的小帮手。"

"要是没有你妈妈该怎么办？"

这些说法可能会对孩子造成威胁，引发焦虑。她可能会觉得自己远远不够好，无法达到"优秀"这个程度。因此，与其惴惴不安地等待别人揭露自己是骗子，她可能决定立即坦白自己的不良行为，以减轻负担。对人格的直接赞扬，就像阳光直射一样，令人不舒服，而且会让人目眩。对一个人来说，夸她很棒，像天使一样，慷慨大方、谦逊有礼，往往令她尴尬。她觉得自己至少要否定一部分溢美之词。在公众场合，她做不到站起来说："谢谢，我接受你的赞美，我确实很棒。"私下里，她也同样要拒绝。她无法坦然自夸：我太棒了，我善良、坚强、慷慨、谦逊。她可能不光会拒绝这种赞扬，还会对那些赞扬她的人有别的想法：如果他们觉得我这么棒，他们一定不够聪明。

学习表扬的步骤

表扬包括两个部分：我们对孩子说的和孩子听完后对自己说的。

我们的言语应该清楚地表明我们喜欢和欣赏孩子的努力、帮助、工作、思想、作品或成就。孩子们可以通过我们的措辞为自己的真实个性得出结论。我们的话语应该像一幅神奇的画布，让孩子们自然而然地在上面描绘出正面的自我形象。

8岁的肯尼帮助爸爸修地下室。在这个过程中他得搬一些沉重的家具。

> 父亲：这个工作台真沉。太难搬了。
> 肯尼（骄傲地）：但是我搬动了。
> 父亲：这需要很大力气。
> 肯尼（展示肌肉）：我很强壮。

这个例子中，肯尼的父亲仅仅评价了任务的难度，肯尼自己则根据父亲的言论，得出了对自身力量的评判。如果父亲说："儿子，你太强壮了。"肯尼可能会回答："并没有。班上比我强壮的男孩多得是。"随之而来的可能是一场毫无结果甚至激烈的争论。

我们想让孩子自我感觉更好的时候，通常会表扬孩子。那为什么我们对女儿说"你真漂亮"时，她会否认这一点？为什么我们对儿子说"你真聪明"时，他会不好意思地走开？是不是我们的孩子太难取悦了，连表扬都无济于事？当然不是。更有可能的是，我们的孩子和大多数人一样，对评估他们的人格或身心特征的赞美之词不知如何应对。孩子们不喜欢被评价。

如果每到月底，那个自称爱我们的人递给我们一份评价表，我们会作何感想？"你的接吻表现得A，拥抱只能得B，而恋爱这部分你能得A。"我们会很沮丧，觉得自己被贬低了。我们不会从中感受到爱。

更好的方式是：在我们的描述中细说喜悦和赞赏，表达出对努力的认可，传达尊重和理解。

一天晚上，13岁的琼自己在家，一个小偷试图闯进房子。她给邻居打电话,但无人接听。于是她选择了报警。

父母回到家时,发现一名警察正在听取琼的证词。处理这起可怕事件时,琼表现出的成熟稳重让父母印象深刻。

但他们并没有夸她有多么了不起,也没有表扬她有多么成熟。相反,他们谈论了当时的情形,详细描述了她的行为,并高度赞扬了她采取的有效措施。

琼的父亲对她说:"你的行为符合海明威对勇气的定义——'压力下的优雅'。一个13岁的女孩在危急之中保持冷静,做需要做的事情来保护自己,给邻居打电话,然后报警并提供必要的细节。这一系列令人佩服的操作我们都看在眼里。你妈妈和我都很敬佩你。"

琼听着父亲的话,渐渐放松下来。她脸上露出了灿烂的笑容,说:"我想你可以说我正学着应对生活。"

由于父母反应得当,琼没有抱怨被单独留在家里。相反,她从这件可怕的事中走了出来,并增强了自信心。

莱斯特的母亲花了一下午的时间看儿子踢足球。比赛结束后,她想称赞一下儿子的技术和成绩,于是详细描述了给她留下深刻印象的场景:"我今天下午看你踢球很开心,尤其是在最后10秒,你抓住了进球的机会,从防守位置一直跑到球场的另一端,踢进了制胜的一球。你一定很自豪!"

她加上了"你一定很自豪"这句话,因为她想培养一下儿子的自尊心。

一位父亲耙完树叶后,让6岁的女儿詹妮弗帮他把树叶堆起来。女儿做完后,父亲指着那些树叶说:"一、二、三、四、五、六！30 分钟堆了 6 堆！你怎么干得这么快？"那天晚上，詹妮弗和父亲道晚安时，问道："爸爸，你能再告诉我，我堆了多少堆吗？"

我们要尽量增加表扬的具体和详尽程度。与评判孩子的性格相比，孩子们能从这些信息和欣赏中受益更多。

乔治的母亲在儿子的吉他上留下了这样一张字条："你的演奏让我非常愉快。"儿子很高兴："谢谢你夸我弹得好。"他把母亲的感谢理解为表扬。

表扬也可能令人沮丧。这取决于孩子在受到表扬后对自己说了什么。

12 岁的琳达玩到游戏的第三关时，父亲在一旁惊呼："你太棒了！你的协调能力真好！游戏水平堪比专业玩家。"琳达失去了兴趣，走开了。父亲的赞扬让她很难继续玩下去，因为她对自己说："爸爸认为我是个厉害的玩家，但我不是专业的玩家。我是靠运气才打到第三关的。如果再试一次，我甚至可能都过不了第二关。我最好见好就收。"如果父亲简单地说"打到新一关感觉一定很棒"，对她来说会更有帮助。

下面的例子说明了这一点：

有效的表扬：谢谢你帮我洗车，它看起来跟新的一样。
可能的推论：我做得很好。我的工作被感激。（无用的表扬：你真是个天使。）

有效的表扬：我喜欢你的慰问卡，漂亮又诙谐。

可能的推论：我很有品位。我的选择很可靠。（无用的表扬：你总是那么体贴。）

有效的表扬：你的诗打动了我的心。
可能的推论：很高兴我能写诗。（无用的表扬：就你这个年纪而言，你是个很棒的诗人。）

有效的表扬：你做的书柜看起来很漂亮。
可能的推论：我很能干。（无用的表扬：你是个好木匠。）

有效的表扬：你的信给我带来了极大的快乐。
可能的推论：我可以给别人带来快乐。（无用的表扬：你是个杰出的作家。）

有效的表扬：非常感谢你今天洗碗。
可能的推论：我有责任心。（无用的表扬：你做得比任何人都好。）

有效的表扬：谢谢你告诉我我多付了钱。非常感谢。
可能的推论：很高兴我自己是个诚实的人。（无用的表扬：你真是个诚实的孩子。）

有效的表扬：你的作文给了我一些新想法。
可能的推论：我有独创能力。（无用的表扬：就你的年纪来说，你写得很好。当然，你还有很多东西要学。）

这种描述性的表述和孩子积极的自我总结是儿童心理健康的基石。在回应我们的话时,孩子会对自己下结论,事后还会默默地对自己重述这个结论。孩子在内心重复的这些现实而积极的言论,能在很大程度上帮助他们建立起对自我和周围世界的正向认识。

为孩子提供引导而非批评

批评和评价性赞扬是一体两面的。两者都是主观判断。为了避免主观臆断，心理学家不会用评价性的语句来影响孩子的思想。他们会引导孩子。在批评中，父母攻击孩子的人格属性和性格；在引导中，我们只陈述问题和可能的解决方案，而对孩子本身的好坏只字不提。

8岁的玛丽不小心打翻了果汁，妈妈平静地说："我看到果汁洒了。咱们再拿一杯新的，再来块海绵。"

她站起来把果汁和海绵递给女儿。玛丽难以置信地抬头看看她，舒了口气。她喃喃地说："哎呀，谢谢，妈妈。"她在妈妈的帮助下清理了桌子。玛丽的母亲没有冷嘲热讽或破口大骂，她说："我很想说'下次小心'，但我看到她对我善意的沉默那么感激，便什么也没说。"

问题的发生，并不是趁机教育犯错者品性的好时机。出问题时，最好只对事不对人。

想象一下，你和爱人驾车出行，你拐错了弯。爱人说："你为什么拐错了？没看到标志吗？那么大个标志，是个人就能看到。"那一刻你会感到爱的涌动吗？你会对自己说，我要提高驾驶技术和阅读能力，因为我想取悦我心爱的人吗？还是你会忍不住以牙还牙？那么怎样才会有帮助呢？正确的做法是发出同情的感慨："哦，亲爱的，真令人沮丧！"或者可以只是提供简单的信息："离这里11英里[1]处有一个出口。"

---

[1] 英里：英美制长度单位，1英里约为1.6093千米。

出问题时，做出理性的回应而不是下意识的反应

在许多家庭中，父母和孩子之间风暴的发展顺序是有规律可循的。当孩子做了什么"错事"或说了什么"不对"的话时，父母会下意识地说一些侮辱性的话。孩子听后会变得更糟。父母也开始大声呵斥，甚至想要严惩孩子。一场混战就这么随之而来了。

一天，吃早饭时，父亲在看报纸，7岁的纳撒尼尔在玩空杯子。

父亲：你会把杯子打破的。你老是打碎东西。

纳撒尼尔：不会的。

恰好此时杯子掉在地板上，打碎了。

父亲：搞什么名堂！你真是笨死了。家里的东西都让你弄坏了。

纳撒尼尔：你也笨死了。你把妈妈最好的盘子打碎了。

父亲：你敢说你爸爸笨死了！真没有教养！

纳撒尼尔：你才没有教养。你先说我笨的。

父亲：闭嘴！马上回你的房间！

纳撒尼尔：我偏不！

这直接挑战了父亲的权威，他勃然大怒，抓住儿子打屁股。纳

撒尼尔试图逃跑时,把父亲推到了玻璃门上。玻璃碎了,割破了父亲的手。看到血,纳撒尼尔惊慌失措。他跑出了家门,直到深夜才被找回来。那天晚上全家人都很难受,没有一个人睡好。

纳撒尼尔是否知道了不能玩空杯子不重要,重要的是他从自己和父亲身上得到的负面教训。问题是:这场较量可以避免吗?有没有更明智的方法来处理此类事件?

父亲看到儿子在玩杯子时,本可以把杯子拿开,让他找一个更合适的东西,比如球。或者杯子碎了后,他本可以帮儿子把碎片处理掉,并说:"杯子很容易碎。谁能想到这么小的杯子会把生活搞得一团糟呢?"

这样温和的话语会让纳撒尼尔感到惊讶,并因此为自己闯的祸产生负罪感和歉意。在没有尖叫、没有打屁股的情况下,他甚至可能很冷静地自己得出结论:杯子不是用来玩的。

小意外,大回报。从小事故中,孩子们可以学到重要的价值观。孩子们需要学会根据父母的反应来区分什么事是恼人的小麻烦,什么事是大灾难、大悲剧。许多父母对摔了一个鸡蛋像摔断条腿那样大惊小怪,打碎玻璃仿佛打碎了他们的心一般愤恨。我们应该这样向孩子指明那些小麻烦:"所以你又把手套弄丢了,真烦人!你应该反思一下了。好在这不是什么大麻烦,只是小意外而已。"

丢了手套没必要大发脾气,衬衣破了也不是什么不可挽回的悲剧。

相反,小意外可能是传授价值观的好时机。8岁的戴安娜丢失了戒指上的诞生石,大哭起来。父亲看着她,清晰而有力地说:

"在我们家，诞生石没那么重要。人和感情最重要。每个人都可能丢失诞生石，诞生石丢了还可以替换。我在乎的是你的感受，我知道你真的很喜欢那个戒指。我希望你能找到合适的诞生石。"

父母的批评并不能帮到孩子，只会招致愤怒和怨恨。更糟糕的是，经常被批评的孩子会学着谴责自己和他人。他们怀疑自己的价值，也贬低他人的价值。他们无法信任他人，还会盼着别人倒霉。

11岁的贾斯廷答应洗车，但他忘了。他最后想起来去做的时候已经迟了。

父亲：儿子，车还需要再洗洗，特别是车顶和左侧。你什么时候去洗？
贾斯廷：今天晚上，爸爸。
父亲：谢谢。

这位父亲没有批评儿子，而是大大方方地说出了儿子需要做的工作，没有贬损他。这样的话语让贾斯廷能心平气和地补上自己未完成的工作。想象一下，如果贾斯廷的父亲用批评来教育儿子，他的反应会有多么不同：

父亲：车洗了吗？
贾斯廷：洗了，爸爸。
父亲：真的？
贾斯廷：真的。
父亲：你说那叫洗了？你总是敷衍了事，脑子里就想着玩。你觉得能这样过一辈子？干活马马虎虎，什么工作你都干不满一天。你就是个不负责任的人！"

芭芭拉9岁了，而她的母亲一直不知道怎样才能和她好好说话。

一天，芭芭拉从学校回到家，歇斯底里地抱怨道："今天什么坏事都发生在我身上了。我的书掉进了水坑里，男生们一直找我的麻烦，还有人偷了我的运动鞋。"母亲非但没有同情女儿，反而责备她："为什么所有坏事都发生在你身上？为什么你不能像其他孩子一样？你不想想自己有什么问题？"芭芭拉哭了起来。怎么能让芭芭拉好受些？只需要承认她过了糟糕的一天，表示同情："哦，亲爱的，听起来你今天确实过得很糟糕！"

侮辱性的话语会伤害我们的孩子

侮辱性的字眼就像毒箭一样，是不能用在孩子身上的。如果我们说"这把椅子好丑"，椅子不会发生任何变化。它既不觉得被侮辱，也不觉得尴尬。不管怎么说它，它都保持原样。然而，如果我们骂孩子丑、傻或者笨，他们一定会有所变化。他们的身体和灵魂都会有所反应，他们会产生怨气、愤怒和憎恨，激起他们对复仇的幻想，做出一些不良行为或惹出麻烦事儿。言语攻击会产生一串连锁反应，让孩子和父母都痛苦不堪。

当我们骂一个孩子笨手笨脚，一开始他可能会反驳："不，我不笨。"但更多的时候，他会相信自己的父母，开始认为自己是一个笨拙的人。当他偶然绊了一下或跌倒时，可能会大声地对自己说："你真是笨手笨脚！"从那时起，他可能会避开需要敏捷性的场合。因为他已经笃定自己太笨了，不可能成功。

当父母或老师反复地说一个女孩很傻时，她就会逐渐相信这句话。她会慢慢认为自己很傻，然后就放弃了智力上的努力，觉得只有避免比赛和竞争，才能摆脱别人的嘲笑。她的安全感依赖于不去尝试。她的人生格言将会变成："只要不尝试，我就不会失败。"

是不是很惊讶？父母在没有意识到其伤害性和破坏性的情况下，当着孩子的面发表了这么多负面的、有辱人格的言论，例如：

"从这个大麻烦出生开始,他就一直在给我们添麻烦。"

"她和她妈一样固执,想干什么就干什么,谁也管不了。"

"她只知道不停地索取。但不管你给她多少,她永远不知足。"

"那个臭小子把我一天的时间都占上了。他真是个讨厌鬼。我得一直牢牢盯着他。"

不幸的是,孩子把这些话当真了。小孩子尤其依赖父母来告诉他们自己是谁,自己能成为什么样的人。孩子需要通过听取父母对自身有意或无意的积极评价来培养自信心。

讽刺的是,对许多父母来说,指出孩子的错误比指出孩子的成就更容易。然而,如果想让孩子充满自信地成长,我们需要抓住一切机会强调他们好的一面,避免贬低性的评论。

一致性沟通：
让口对着心

孩子有时确实让人恼火、愤怒，我们也尽量去理解去忍耐。可最终我们还是会精疲力竭，大发雷霆，也许是因为孩子的房间凌乱，训斥孩子："你连猪圈都不配住！"然后我们满怀悔恨，试图道歉："我不是故意的。你配住在猪圈里。"

我们相信忍耐是一种美德。但是真的如此吗？如果忍耐是要求我们故作镇静，要求我们心口不一，要求我们矫情自饰，那就不是美德了。

我们从小就被教育不要流露自己的真情实感。因此，我们最自豪的是在人仰马翻时，依然能够坦然处之。有人称之为忍耐。

但是，孩子喜欢的是一致性回应，期待父母能够做出这样的回应。也就是说，他们希望父母说的话能反映父母的真实感受。

即使是小孩子，为了保护自己免于承受父母的愤怒，也会抛出最有力的指责："你不爱我。"父母则会愤怒地吼回去："我当然爱你！"愤怒扭曲了父母的真心，让孩子难以安心。父母生气时是感觉不到爱的。孩子把"爱"拿出来说事，调换了双方的攻守之势，巧妙地把焦点从自己身上转移到了父母身上，让父母被迫以自证来防守。

只有承认自己生气时感受不到爱的父母，才能理智地回答孩子的这类指责,而不陷入自我辩解之中:"现在不是讨论爱的时候,我们聊的是你让我生气的行为。"

父母越生气,孩子就越需要被安抚。但是,用愤怒的语气表达爱,并不能让人感到安慰。它不会让孩子感到被爱,只会让孩子困惑,因为孩子听到的不是爱的话语,而是刺耳的声音所传达出的愤怒。让孩子们知道自己不会因父母生气而被遗弃,对他们会更有帮助。失去爱的感觉只是暂时的,愤怒一消失,爱就会再度出现。

控制愤怒

在我们自己的孩童时代,没有人教导我们如何接受生气是人之常情这一事实。因而,我们会因心怀愤怒而感到内疚,会因表达愤怒而感到罪恶。在我们所受的教育中,生气是不好的事。生气不仅仅是行为不检,而且简直是罪大恶极。对自己的孩子,我们试图保持耐心;事实上,即使耐心再多我们迟早也会爆发。我们担心自己的愤怒可能会伤害到孩子,所以把愤怒憋在心里,就像潜水员屏住呼吸一样。然而,在这两种情况下,我们的忍耐力都是有限的。

愤怒就像普通感冒一样,是会反复出现的。我们可能不喜欢愤怒,但不能忽视它。我们可能非常了解愤怒,但不能阻止它的出现。我们可以预见让人生气的场景,但生气的时机总是突如其来、猝不及防。而且,尽管实际上怒气可能很快就消散了,但对处在气头上的我们来说,会觉得自己永远也不可能消气。

发脾气的时候,我们表现得好像失去了理智。那些对自己的孩子说的话和做的事,我们甚至都不忍加诸敌人身上。我们大喊大叫地侮辱、攻击孩子,而一切结束的时候,我们又会感到内疚,遂郑重其事地下定决心,绝不再让历史重演。但当愤怒卷土重来,打破了我们的美好愿景,我们再一次猛烈抨击我们愿意为之献出生命和财富的孩子。

下定决心不生气不仅无用，甚至会更糟糕。这只会火上浇油。愤怒，就像飓风一样，是我们必须接受并预备好的人之常情。和平的家庭，就像世人所期望的和平世界一样，并不取决于人性突然变得仁慈，而是依靠深思熟虑后的计划，有条不紊地消除紧张情绪，让愤怒免于爆发。

情绪健康的父母不是圣人。他们只是能意识到自己的愤怒并郑重以待。他们把愤怒当作可以表明他们的关心的信息资源。他们说出口的话和他们内心的感受是一致的，他们不掩饰自己的感受。下面这个故事说明了一位母亲是如何鼓励孩子合作的，她既发泄了自己的怒气，又没有辱骂或羞辱女儿。

11岁的简一回到家就嚷嚷起来："我打不了棒球了。我没有棒球衫！"这位母亲本可以给女儿一个可以接受的解决方案："穿你的罩衫。"或者，如果想帮忙，她可以帮简找棒球衫。相反，她决定表达自己的真实感受："我很生气，你快把我气疯了！我给你买了六件棒球衫，可你不是放错地方就是丢了。你应该把衣服放在你的衣橱里。这样你需要时就知道去哪里找了。"

简的母亲表达了她的愤怒，但没有辱骂女儿。她后来说："我一次也没有重提过去的怨言，或者揭旧伤疤。我也没有骂女儿。我没有说她粗心大意、不负责任。我只是描述了我的感受，以及以后需要怎么做来避免不愉快。"

母亲的话帮助简想出了解决办法。她马上去朋友家和健身房的更衣室找到了乱扔的棒球衫。

在儿童教育中，父母的愤怒也能起到作用。事实上，有些时候，不生气只会让孩子感到冷漠，而不是善意。在乎孩子的人不可能完全不生气。这并不意味着孩子们可以承受大量的愤怒和暴力，这只意味着他们能够忍受并理解这种愤怒的内涵，即"我的容忍是有限度的"。

对父母来说，愤怒的情绪代价高昂，要想物有所值，就不应该在无利可图的情况下使用它。表达愤怒时不应该越说越生气，让药物的副作用比疾病本身更严重。表达愤怒应该能让父母舒缓心情，让孩子有所领悟，而且对双方都没有副作用。因此，我们不应该当着孩子朋友的面大声呵斥他们，这只会让他们更过分，反过来也让我们更生气。我们都不想让愤怒、反抗、报复和复仇的趋势愈演愈烈。恰恰相反，我们只是想让孩子理解我们的意思，让阴云消散。

良性发怒的三个步骤

为了在平静时期做好准备，以应对压力时期，我们应该承认以下事实：

1. 我们要接受自己在跟孩子打交道时会生气这个事实。
2. 我们有权生气而不必感到内疚或羞耻。
3. 只要不攻击孩子的品行或性格，我们就有权表达自己的愤怒情绪。

我们在处理愤怒的过程中应该始终牢记这三点。基于此，我们可以开始管理混乱情绪的第一步：明确地说出这种情绪。这可以提醒相关的人，以便他们及时做出弥补或采取预防措施。我们在开口时应该以"我"为主语："我觉得很烦。""我感到恼火。"

如果沉着脸说完这两句我们还是生气，就进入第二步，再次加强语气表达愤怒：

"我生气了。"
"我很生气。"

"我特别特别生气。"

"我要被气疯了。"

有时候，仅仅说出我们的感受（还没解释原因），就可以阻止孩子的不良行为。还有的时候，可能得采取第三步，即给出我们生气的原因，说出我们内心的想法和期望的行为：

"看到鞋子、袜子、衬衫、毛衣扔一地，我很生气，非常恼怒。我想打开窗户把这堆垃圾扔到大街上。"

"看见你打弟弟，我很生气。我火冒三丈，怒不可遏。不允许你伤害他。"

"你们吃完晚饭都冲去看电视，让我一个人洗脏盘子，刷油锅，我很生气，七窍生烟，怒火中烧！我想把这些盘子都摔到电视机上。"

"叫你吃饭你不来，我很生气，非常生气。我对自己说：'我做了一顿大餐，想要人夸夸我，而不是气我！'"

这种方法可以让父母在发泄怒气的同时，又不会造成伤害。这种方法对父母来说可能是重要一课，说明了如何安全地表达愤怒。孩子可能会认识到，自己的愤怒不是灾难，可以在不伤害任何人的情况下释放。这一课不仅仅教父母如何表达愤怒，还要求父母向孩子指出什么样的情绪表达渠道是可被接受的，并向他们示范如何安全、体面地表达愤怒。

夫妻之间生气时也要避免侮辱。一位父亲说："一天早上，我正要去上班，妻子告诉我，9岁的儿子哈罗德在客厅打球时，第二次打碎了古董挂钟的玻璃。我勃然大怒，忘记了所学的一切，破口大骂：'很明显，你根本不在乎我们的东西！等我今天晚上回家，我要狠狠地惩罚你，让你再也不敢在客厅里打球！'妻子把我送到门口。她没有意识到贴标签对丈夫和孩子来说都是没有用的，只会激怒对方。她对我说：'我的伙计，你对哈罗德说这样的话可太蠢了。'我因为爱妻子，所以强忍着怒气说：'我觉得你说得对。'起初我只生儿子的气，可妻子说我蠢，我也生起她的气来。我已经为自己之前那么说儿子感到内疚了。我不需要她再强调了。如果她这样对我说就有帮助多了：'打碎两次玻璃了，真让人生气。咱们怎么才能帮助哈罗德避免再次发生这样的事呢？'"

梅丽莎的父亲要幸运一些。他的妻子知道如何在不激怒他的情况下影响他。一天晚上，7岁的梅丽莎和父母坐在车里，发生了下面的对话：

梅丽莎：比萨是什么意思？

父亲：比萨？是意大利语中馅饼的意思。

梅丽莎：药房是什么意思？

父亲：是药店的另一种说法。

梅丽莎：银行是什么意思？

父亲（开始生气）：你知道那个词。是人们存钱的地方。

梅丽莎：白天是怎么变成黑夜的？

父亲（非常生气）：嘿，你的问题真多。太阳下山了，没有光了。

梅丽莎：月亮为什么跟着汽车一起走？

母亲：这个问题真有趣。你知道吗，这个问题困扰了科学家好几百年，所以后来他们决定开始研究月亮的运动。

梅丽莎（兴奋地）：哇！那我将来要做科学家。我要去图书馆找一本关于月亮的书。

问题打住了。这位母亲明白，不停地回答孩子的问题只会鼓励他们问更多的问题。但她忍住没向丈夫指出这一点。相反，她证明了通过不直接回答女儿的问题，可以帮助女儿找到满足自己好奇心的方法。

克里斯的母亲一直试图劝阻丈夫不要对孩子颐指气使，她分享了一件事：一天晚上，她和丈夫在海滨别墅的厨房里享用葡萄酒时，丈夫注意到桌子上有一个沙滩包，一件湿泳衣和一个沙滩球。他通常的反应是生气得像军队里的教官一样厉声呵斥孩子："我还要告诉你多少次，你才能把你的东西放好！你只顾着自己玩！你以为我们是什么，跟在你后面捡东西的奴隶？"

但这一次，他平静地描述了自己所看到的："我看到厨房桌子上有一个沙滩包、一件湿泳衣和一个沙滩球。"8岁的克里斯从客厅的座位上跳起来，一边走进厨房收拾东西，一边喊道："哦，那一定是我的。"

克里斯离开后，父亲得意地对妻子说："我记住了，确实有用。"

"我没有说'我跟你说过'，而是举起酒杯，庆祝他几句话就让孩子乖乖合作。"

回应愤怒的孩子：
重要的是方式方法

孩子们心烦意乱时，无法用道理来说服他们。他们生气的时候，只能听进去情感上的安慰。

两个年幼的孩子在地下室玩耍。突然传来一阵东西倒下的声音，接着是喊叫声和指责声。6岁的比利气得满脸通红，跑上楼梯，脱口而出："贝琪撞翻了我的堡垒。"母亲深表同情："哦——那你一定很生气吧。""确实很生气。"随后他转身回去玩了。

这是比利的母亲第一次没有参与孩子们的日常争吵。她没有问"是谁挑起的？"这个致命的问题，避免了儿子像往常一样抱怨，请求报仇。通过说出他的内心情绪，她避免了成为法官、检察官和孩子们的执法者这类不讨喜的角色。

在接下来的故事中，一位母亲的同理心让事态止步于和平而非战争。9岁的大卫不想去看牙医。他很生气，激怒了姐姐蒂娜，蒂娜对他说："哦，大卫，成熟点儿吧！"大卫变得更加愤怒，态度恶劣。

母亲转向蒂娜，说："大卫今天很难过。他很害怕去看牙医。现在他需要我们所有人的关心。"像变魔术一样，大卫安静下来。他没有再说什么，就去看牙医了。母亲没有回应大卫烦人的行为，而是回应了他的不安,使他感到放松,自动减少了烦人的行为。

下面这个片段对比了两种帮助小孩子化解愤怒和忍受挫折的方法。一个使愤怒升级,另一个则消减了愤怒。

汤姆和朋友吉姆都是3岁,正在玩玩具木琴。吉姆的锤子被卡住了,他很生气,哭了起来。妈妈告诫他:"这不是继续哭下去的理由。你什么时候停止哭闹,我什么时候修好它。"吉姆继续哭,妈妈拿走了他的玩具。吉姆因此大发脾气,场面令人"叹为观止"。

与之相反,当汤姆因为锤子被卡住了而哭的时候,他的妈妈对他说:"你哭是因为锤子被卡住了。我们需要修好它。"哭声停止了。现在,每次锤子被卡住时,汤姆不再哭了,而是把锤子拿给妈妈修。

吉姆的母亲责骂、威胁、指责和惩罚吉姆,而汤姆的母亲则点明问题所在并提出了解决方案。

12岁的米丽亚姆从剧院回来后,一直愤愤不平。

> 母亲:你看上去不开心。
> 米丽亚姆:我很生气!我坐得太靠后,什么也看不见!
> 母亲:难怪你不开心。坐得太靠后就是没有意思。
> 米丽亚姆:当然没意思。还有,我前面坐了个高个子。
> 母亲:真是雪上加霜!坐得那么靠后,前面还有个高个子!太糟糕了!
> 米丽亚姆:确实是。

米丽亚姆母亲的回应中有帮助的地方是,她接受了米丽亚姆的情绪，没有批评或做事后诸葛。她没有问一些无用的问题，例如："你为什么不早点去找个好点儿的座位？""你不能请那位高个子先生和你换一下座位吗？"她只是集中精力帮助女儿消气。

回应孩子的不安情绪，表达父母的同情和理解，可以有效改变孩子的愤怒情绪。

在怒气平息后，可以给对方写点儿什么，这是修复受伤情感的有力工具。我们鼓励孩子和父母以书面形式表达自己的感受，无论是电子邮件还是手写信件。

一天晚上，13岁的特鲁迪大声斥责了她的母亲，指责她擅自进入自己房间，翻看了抽屉里的日记。后来特鲁迪意识到自己对妈妈的怀疑是错误的，决定以书面形式道歉：

亲爱的妈妈：

我刚刚犯下了一个有道德的人所能犯下的最严重的罪行。我的指责使妈妈非常不高兴、非常难过。我感到羞愧万分。我过去自我感觉良好，但现在我讨厌自己。我爱你。

特鲁迪

这封信让特鲁迪的母亲意识到这件事破坏了特鲁迪积极的自我认知。她很难过，于是花时间写了一封回信，帮助特鲁迪重新爱上自己。

亲爱的特鲁迪：

谢谢你和我分享你的烦恼和不快。前几天晚上发生的事情对我们俩来说都很难挨,但也不至于那么糟糕。我想让你知道,我对你的看法和感情丝毫没有改变。在我眼里,你一直是一个可爱的孩子,只是这个孩子偶尔也会烦躁、生气罢了。我希望你能原谅自己,重新找回对自己的好感。

非常爱你的妈妈

这位母亲很好地帮助女儿了解到生气不会改变一个人对自己或他人的爱这件事。

当孩子因为父母不听他们的争辩而愤怒不已时,通常会把自己的想法写下来。

一位父亲讲述了下面这件事。在他家,孩子们会得到一些奖券,晚上他们可以用这些奖券换取额外的睡前时间。一天傍晚,10岁的彼得想用奖券换点时间,但那张奖券被他弄丢了。父亲拒绝承兑一张不存在的奖券。彼得又沮丧又生气,大叫着跑出房间:"但你给过我的!"那天晚上,彼得的父亲走进卧室,发现了下面这封信。

亲爱的爸爸:

不让我晚睡是不公平的,因为:①咱俩都知道你给了我奖券;②你知道我的桌子有多乱,使得我常常丢东西;③你知道我是多么盼望使用奖券。我不想因为写这封信而显得讨人厌。我只是在陈述自己的想法。

爱你的彼得

父亲看了这封信,知道彼得是在告诉他一种方法,来修补他们之间受损的感情。这也让父亲有机会尝试一个重要的育儿原则:尽可能提高孩子的自我价值。因此,他写了下面这封信。

亲爱的儿子:

你的思路很清晰!论据也很有说服力!我看这封信的时候,不得不提醒自己,这封信可不是十岁的年轻人写的。随函附上备用奖券。

爱你的爸爸

结　论

　　语言的力量能够建立关系，激励发展，也能够恐吓孩子，毁灭希望。我们注意到孩子的努力，并加以赞赏，就能帮助他们在希望和自信中成长。相反，我们评判孩子的时候，会激发他产生焦虑和抵触情绪。负面标签（"懒惰""愚蠢""卑鄙"）对孩子的伤害似乎是显而易见的；令人惊讶的是，即使是正面的标签（"好""完美""最好"）也可能导致伤害。

　　重要的是，我们要积极地鼓励孩子。我们要承认孩子的努力，并表达赞赏（"你做得很好""谢谢你的帮助"）。但我们不要给孩子贴标签或进行评价。

　　出现问题时，我们要寻找解决方案，而不是指责、批评。即使是不可避免的愤怒，也可以在不贴标签或指责的情况下表达出来。所有这些关怀沟通技巧的背后，是对孩子深深的尊重。

第三章

弄巧成拙：再正确的方法也做不对错事

与孩子相处的某些模式几乎总是弄巧成拙，不仅不能帮助我们达到长远目标，还经常在家里到处捣乱。会弄巧成拙的交流模式包括威胁、贿赂、承诺、讽刺、言语过激、对说谎和偷窃行为的说教，以及用粗鲁的方式对孩子进行文明教育。

威胁：
诱发不当行为

对孩子来说，威胁就是邀请他们重复被禁止的行为。当对孩子说"如果你再这样做"时，他听不到"如果你"这个词。他只听到"再这样做"。有时他会把它理解为，妈妈希望我再做一次，否则她会失望。这些在成年人看起来很合理的警告，可能比无效的情况还要糟糕。孩子一定会再去做那些烦人的事。警告是对孩子自主性的挑战。如果他有自尊，他就一定会再次违反规定，向自己和他人表明，他不怕对激将做出回应。

5岁的奥利弗不顾多次警告，一直往客厅窗户上扔球。最后他的父亲说："如果再往窗户上扔一个球，我就狠狠地揍你一顿。我保证。"一分钟后，玻璃破碎的声音告诉奥利弗的父亲，他的警告起了作用：球最后一次击中了玻璃。这一连串的威胁、许诺和胡作非为，之后的情景不难想象。相反，下面的事件是一个不诉诸威胁而有效处理不当行为的例子。

7岁的彼得向小弟弟开枪。他的母亲说："不要朝弟弟开枪。朝靶子开枪。"彼得又朝小弟弟开枪了。母亲把枪拿走了。她对彼得说："枪不是用来射击人的。"

彼得的母亲做了她认为必须做的事情来保护婴儿，同时坚持可接受的行为标准。她的儿子在没有受到任何伤害的情况下知道了自己行为的后果。妈妈暗示的选择是显而易见的：要么向目标射击，要么失去玩枪的资格。这个事件中，他的母亲避开了大多数父母会犯的错误。她并没有走上可预见的失败之路："别这样，彼得！你不知道不能向弟弟开枪吗？你没有更好的目标吗？如果你再这样做一次，听着，再做一次，你就再也别想见到那把枪了！"除非孩子非常温顺，否则他对这种警告的反应会是重复被禁止的行为。接下来的场景无须赘述——每个家长都可以轻松重现。

贿赂：
对"如果……就……"谬误的反思

同样会弄巧成拙的方法是，明确地告诉孩子，如果他愿意（或不去）做某事，那么他就会得到奖励：

"如果你对弟弟好点儿，我就带你去看电影。"
"如果你不再尿床，圣诞节我就送你一辆自行车。"
"如果你学会这首诗，我就带你去划船。"

这种"如果……就……"的方法可能偶尔会刺激孩子朝着眼前的目标前进。但很少（如果有的话）能让她持续努力下去。我们的每一句话都在告诉她，我们怀疑她是否有能力变得更好。"如果你学会了这首诗"的意思是"我们不确定你能学会"；"如果你不再尿床"的意思是"我们认为你能控制自己，但你不去做"。

从道德的角度来说，将贿赂作为奖励也是有异议的。有些孩子故意表现不好，为的是让父母花钱让他们表现好一点儿。这样的推理可能很快就会导致讨价还价、勒索敲诈，以及不断要求增加奖赏和额外好处以换取"良好"行为。有些父母已经被孩子制约，不敢在购物回家时不带礼物。孩子们迎接他们的不是"你好"，而是

"你给我带了什么"。

没有事先公布的、给人惊喜的、表达认可和感激之情的奖励才是对孩子有益的、让孩子愉悦的。

承诺：
为什么不切实际的期望会让每个人都感到悲伤

不应向儿童做出承诺，也不应要求儿童做出承诺。为什么对承诺如此忌讳？与孩子的关系应该建立在信任的基础上。如果父母必须用承诺来强调他们说的是真心话，那么就等于承认"未承诺"的话是不可信的。承诺会让孩子产生不切实际的期望。如果向孩子许诺去动物园，她会认为承诺那天不会下雨，汽车会好好地停在车库里，她也不会生病。然而，生活并不是一帆风顺的，当意外使承诺落空时，孩子会感到上当受骗，认为父母不可信任。"但是你答应过的！"这种无休止的抱怨对父母来说是再熟悉不过的，他们会后悔自己做出这样的承诺。

不应该要求孩子承诺以后表现好，或者承诺停止过去的不良行为。孩子许下的承诺如果不是发自真心，那就等于开空头支票。我们不应鼓励这种欺诈行为。

讽刺：
学习路上的坚固壁垒

父母超高的讽刺水平会严重危害孩子的心理健康。父母过人的嘴上功夫为有效沟通竖起了坚固的壁垒：

"同一件事我说了多少次？你聋了吗？那你为什么不听？"

"你真粗鲁。你是在原始森林里长大的吗？你就应该待在那里。"

"你怎么回事？疯了还是傻了？你不会有好下场的。"

这样说话的父母甚至可能没有意识到，这样的话会引起孩子的反击，会阻碍沟通，会激起孩子对复仇的幻想。尖酸的讽刺和刻薄的陈词滥调在儿童教育中是行不通的。最好避免这样的说法："你凭什么认为你知道所有的答案？你还没刚出生时聪明。你以为自己多聪明！"不管是有意还是无意，我们都不应该贬低孩子在自己和同伴心目中的地位。

权威需要简洁：
大音希声

被告知"你说话像个家长"并不是一种恭维，因为父母以啰唆和夸大事实而著称。家长这样做的时候，孩子并不会认真听，而是在心里大喊："够了！"

每个父母都需要学习用简洁的方法应对孩子，这样小事才不会变成大灾难。下面的小故事说明了简短的评论胜过长篇大论。

阿尔的妈妈在车道上和客人们道别时，8岁的阿尔跑过来，泪流满面地控诉哥哥："每次我的朋友来，特德总找碴儿取笑我们。他从不放过任何一个机会。你得制止他。"

要是在过去，妈妈会对特德大吼大叫："我要告诉你多少次离弟弟远点儿？如果你不离他远点儿，你就一个月不能出去。"

这次，她看着特德，说："特德，你自己选吧。是让我再说你一顿，还是自己解决？"特德大笑着说："好吧，妈妈，我自己滚开。"

下面的对话展示了如何利用表示赞同的简短答复避免徒劳的争论。

鲁斯（8岁）：妈妈，你知道吗？高中很浪漫。

母亲：哦？

鲁斯：真的，男生女生们一直举行聚会。

母亲：所以你很想上高中？

鲁斯：对！

鲁斯的母亲说，过去她会教训女儿不要浪费时间；学校是用来学习的，而不是用来谈情说爱的；她还太小，不应该考虑这些事情。随之而来的是漫长的争论和坏心情。而这次，她认可了女儿的愿望。

一句幽默往往胜过千言万语。12岁的罗恩看到母亲从购物车上卸下新鲜水果，她通常把这些水果放在橱柜上。他苦笑着说："妈妈，能不能有一次做对事的时候？把水果放进冰箱里。"

"我至少做对过一件事，那就是生了你，"母亲回答说。"现在，帮我把水果放进冰箱。"

罗恩咯咯笑着，开始帮忙。

对罗恩的母亲来说，挑起一场口水战是多么容易啊："你是什么意思，做正确的事情！你以为你是谁，竟敢这样跟你妈说话！"相反，她笑着三言两语就维护了自己的权威。

一位父亲说，他很高兴听到孩子用幽默来减少挫折和愤怒。圣诞节的前一天，他和8岁的女儿梅根试图组装一棵人造圣诞树。要把所有的树枝都插好可不是一件容易的事。梅根的父亲渐渐不耐烦起来。等到终于可以装饰圣诞树，他开始往一根树枝上挂星星的时候，树倒了。他勃然大怒，喊道："我受够了！"梅根走过来，拥抱了父亲，说："爸爸，我敢打赌，你现在肯定很希望自己是犹太人[1]。"

权威需要简洁和选择性沉默。下面这件事说明了无声的权威的力量。7岁的斯科特伤了腿，但这并不妨碍他去参加当晚的童子军聚会。第二天早上，他说："我不能去上学了。我的腿疼。"他的母亲很想说："你能去参加聚会，就能去上学。"但她什么也没说。沉默的氛围有些压抑。几分钟后，斯科特问："你觉得我应该去吗？"母亲回答说："你已经有答案了。"斯科特说："是的。"他赶紧穿好衣服。

母亲的沉默帮助斯科特做出了自己的决定。他自己一定得出了这样的结论：一条好到可以去参加聚会的腿，也好到可以去上学。但如果换作他的母亲向他指出这一点，他就会争辩，让大家都不开心。

下面这位母亲牢记，对孩子来说少即多，她阻止女儿黛安娜把坏情绪传染给家里其他人。

12岁的黛安娜不吃肉。这天一坐到餐桌旁，她就开始抱怨："饿死了。晚饭呢？"

> 母亲：嗯，你一定饿坏了。
> 黛安娜：哦，茄子。我不爱吃。

1　犹太人不过圣诞节。——译者注

母亲：你有点儿失望呀。

黛安娜：奶酪不够。

母亲：你想在茄子上多放些奶酪。

黛安娜：哦，这样就行了。但你平常做的比这好吃。

她的母亲没有反驳说"你明知我得为你单独准备食物。你至少应该心存感激才是"，而是说出了黛安娜的情绪，从而避免了一场纷争。

对待撒谎的策略：
学会如何不撒谎

孩子撒谎时，父母会生气，尤其在谎言很明显，骗术很拙劣时。听到孩子坚持说自己没有碰油漆，没有吃巧克力，但衬衫上和脸上都是证据时，家长都会很恼火。

谎言是被激出来的。父母不应该问一些可能导致孩子防御性撒谎的问题。孩子讨厌被父母盘问，尤其是在他们怀疑父母已经知道答案的时候。他们讨厌那些带有陷阱的问题，那些迫使他们在笨拙的谎言和尴尬的坦白之间做出选择的问题。

7岁的昆廷弄坏了父亲送给他的一辆新卡车。他很害怕，把碎片藏在地下室里。父亲发现卡车的残骸时，连珠炮似的问了几个问题，结果引发了争吵。

父亲：你的新卡车呢？

昆廷：在某个地方。

父亲：我怎么没有见你玩。

昆廷：我不知道在哪儿。

父亲：你找找。我想看。

昆廷：可能是被谁偷走了。

父亲：你这个该死的骗子！你就是把卡车弄坏了！别以

为你能逃脱惩罚！我最讨厌骗子！"

这场争吵本不必发生。与其偷偷摸摸地扮演侦探和检察官的角色，给自己的儿子贴上骗子的标签，父亲不如这样说："我看到你的新卡车坏了。还没玩多长时间，好可惜。你真的很喜欢玩它。"

孩子可以学到一些宝贵的经验：爸爸理解我。我可以向他倾诉我的烦恼。我必须更好地保管他送给我的礼物。我必须更加小心。

因此，当我们已经有了答案，再去问问题就不是一个好主意。例如，看着脏房间，问："你按照我的要求打扫房间了吗？"或者，在被告知女儿没有去上学后，问："你今天去学校了吗？"而可取的说法是："我看到房间还没有打扫。"或者："听说你今天逃学了。"

孩子们为什么撒谎？有时他们撒谎是因为现实情况不允许他们说实话。

4岁的威利怒气冲冲地闯进客厅，向妈妈抱怨："我讨厌奶奶！"他的妈妈吓坏了，回答说："不，你喜欢，你爱奶奶！我们家不存在恨。奶奶送你礼物，还带你去各种地方。你怎么能说出这么可怕的话？"

但威利坚持说："不，我恨她，我恨她。我不想再见到她了。"妈妈这回真生气了，决定采用更严厉的教育方法。她打了威利。

威利不想受到更多惩罚，改变了说法："我真的很爱奶奶，妈妈。"妈妈怎么回应？她对威利又抱又亲，夸他是个好孩子。

小威利从这次交流中学到了什么？说真话，和妈妈分享自己的真实感受是很危险的。诚实时，会受到惩罚；说谎时，会得到爱。

真相很伤人，离它远点儿。妈妈最喜欢小骗子了，妈妈只喜欢听让人高兴的事，所以只需告诉她她想听的，而不是我的真实感受。

如果威利的母亲想教威利说实话，她该怎么回答？

她会认可他的难过："哦，你不再爱奶奶了。你愿意告诉我，奶奶做了什么让你这么生气吗？"他可能回答说："她给宝宝带了礼物，没有给我带。"

如果我们想教孩子诚实，就必须准备好倾听伤心的事和不愉快的事。如果想让孩子诚实地成长，就不能鼓励他们对自己的感受撒谎，无论是积极的、消极的、还是矛盾的。父母对孩子表达感受时的反应，是孩子了解诚实是否可取的重要策略。

谎言揭示了真相。如果因为说真话而受到惩罚，孩子会出于自卫而撒谎。有时候他们撒谎也是为了在幻想中弥补自己在现实中的缺憾。谎言揭示了我们的恐惧和期望，揭示了一个人想成为什么样的人或想做什么样的事。在明眼人的耳朵里，谎言揭示了他们想要掩盖的东西。对待谎言，成熟的反应是理解谎言的含义，而不是否认谎言的内容或谴责谎言的编造者。从谎言中获得的信息可以用来帮助孩子区分现实和妄想。

3岁的贾斯敏告诉奶奶她圣诞节收到一头活的大象，奶奶回应了她的愿望，而不是证明她是个骗子。奶奶说："你是希望能收到一头大象。你想拥有一头大象！你想有个自己的动物园！你想有片到处都是动物的丛林！"

3岁的罗伯特告诉爸爸他看见一个人，跟帝国大厦一样高。父亲没有说："胡说！哪有那么高的人。别骗人了。"而是认可了他的说法，并借此机会教儿子一些新词："哦，你一定是看见了一个身材高大的人,一个巨人,一个魁梧的人,一个彪形大汉。"

在沙盘里用沙子建公路的时候,4岁的克雷格突然抬起头喊:"我的路被暴风雨冲坏了。怎么办?"

"什么暴风雨!"母亲恼怒地说,"我没看见什么暴风雨。别胡说八道了。"

沙盘中被克雷格的母亲忽视的暴风雨在现实生活中爆发了。克雷格大发脾气。这场暴风雨本可以避免——如果母亲能认可孩子的感知,进入他想象的世界,问道:"暴风雨冲坏了你辛辛苦苦修的路?哦……"然后,抬头看着天空,她还可以接着说:"请不要再下雨了。你把我儿子修的路冲走了。"

处理不诚实行为：
少量的预防胜过大量的调查

我们对说谎的原则很清晰：一方面，我们不应该扮演检察官的角色要求对方招供，也不应该凭空夸大事态。另一方面，我们应该毫不犹豫地直言不讳。发现孩子的书过期了，我们不应该问："你把书还给图书馆了吗？真的吗？怎么还在你桌上呢？"而应该说："我看到你借图书馆的书过期了。"

学校通知我们孩子数学考试不及格后，我们不应该问："你数学考试及格了吗？你确定吗？这次说谎我可帮不了你！我们和你的老师谈过了，知道你考得很糟糕。"而应该直接对孩子说："数学老师告诉我们你考试不及格。我们很担心，想知道怎么才能帮你。"

简而言之，我们不该惹得孩子去防御性地撒谎，也不该有意给孩子提供撒谎的机会。孩子真的撒谎时，我们的反应不应该是歇斯底里和满口说教，而要实事求是。我们想让孩子知道，没有必要对我们撒谎。

父母防止孩子撒谎的另一个方法是避免问"为什么"。从前，"为什么"是一个调查术语。这个意义早就过时了。它现在被用作批评时的表述。对孩子们来说，"为什么"代表着父母的不满、失望和不快，引起孩子回想起过去的指责。即使简单的一句"你为什么要这么做？"也可能这样暗示："你到底为什么做那么愚蠢的事？"

聪明的父母会避开伤害性问题，例如：

"你为什么这么自私？"
"你为什么忘了我跟你说的？"
"你为什么从来不能守时？"
"你为什么这么没有条理？"
"你为什么不闭上嘴？"

与其问一些无法回答的反问句，不如说些表示同情的话。

"如果你愿意和他分享，约翰该多高兴。"
"有些东西很难记住。"
"你迟到的时候我很担心。"
"你能做些什么让工作更有条理吗？"
"你的点子还真多。"

偷窃：
懂得所有权需要时间和耐心

孩子把不属于自己的东西带回家是常有的事。发现"偷窃"时，重要的是要避免说教和夸大。我们是可以引导孩子有尊严地走上正义之路的。平静而坚定地告诉他或她："这个玩具不是你的。得还回去。"或者："我知道你想留下这把枪，但是吉米想要回去。"

当孩子"偷"了糖果并把它放进口袋时，最好冷静地对待他："你希望能留下放在左口袋里的糖果，但必须把它放回货架上。"如果孩子否认有糖果，对他重复这句话："我希望你把巧克力棒放回货架。"如果他拒绝，就从他的口袋里拿出来，说："这是商店的。必须留在这里。"

错误的问题和正确的说法。确定孩子偷了你钱包里的钱时，最好不要问，而是告诉他："你从我钱包里拿了一块钱。我要你还给我。"孩子把钱还回去时，告诉他："需要钱的时候来找我，我们可以商量。"如果孩子否认了这一行为，不与他争辩或求他承认，只需说："你知道我已经知道了。你必须把钱还给我。"如果钱已经花了，讨论的重点应该是如何偿还——做家务或是扣零用钱。

重要的是不要称孩子为小偷和骗子，或预言一个不愉快的结局。若是问孩子："你为什么这么做？"孩子可能不知道动机，说出"为什么"的压力只会导致另一个谎言。更有用的做法是，指出你希望孩子与你讨论对钱的需求："你需要一元钱的时候却不告诉我，我很失望。"或者："需要钱的时候，来告诉我。我们会想办法的。"

如果孩子吃了被禁止吃的饼干，脸上还留着糖印子，就不要问："有人从罐子里拿饼干了吗？""你有没有看到是谁拿走的？你吃了一个吗？你确定吗？"这样的问题往往会促使孩子编造谎言，雪上加霜。原则是，知道答案，就不要问这个问题。最好是公开说明，例如："我告诉你不要吃饼干，你却吃了。"

最后一句话可算作适当的、可取的惩罚。这让孩子感到心里不舒服，并升起弥补过错的责任感。

不要用粗鲁的方式进行文明教育：培养礼貌的方法

礼貌既是一种性格特征，也是一种社交技能。礼貌是孩子通过认同和模仿有礼貌的父母而获得的，不管什么时候，家长必须礼貌地教导孩子要有礼貌。然而父母却经常粗暴地教育孩子。孩子忘记说"谢谢"时，父母当着其他人的面指出来，这至少可以说是不太礼貌的。父母们甚至自己还没道别就赶紧提醒孩子说"再见"。

6岁的罗伯特刚收到一份包装好的礼物。出于好奇，他挤压着盒子，想看看里面装的是什么，而他的母亲则在一旁焦急不安地看着。

母亲：罗伯特，住手！你把礼物弄坏了！收到礼物时你应该说什么？

罗伯特（生气地）：谢谢！

母亲：好孩子。

罗伯特的母亲本可以不那么粗鲁，而是更有效地教他礼貌。她本可以说："帕特丽夏阿姨，谢谢你可爱的礼物。"可以想象，罗伯特随后可能也会表达自己的谢意。如果他没有这样做，母亲就可以在以后他们独处的时候教授他社交礼仪。她本可以说："帕特丽夏阿姨想得真周到，还给你买礼物。让我们给她写封感谢信吧。她会很高兴我们想到了她。"虽然比直接训斥更复杂，但这种方法更有效。生活艺术的精妙之处需要精雕细琢。

孩子打断成年人的话时，成年人通常会很愤怒："别这么无礼。打断别人说话是不礼貌的。"然而，打断了打断者的行为也同样算没礼貌。父母不该用粗俗无礼的方式要求孩子懂礼貌。也许这样说更好："我想把我的故事讲完。"

告诉孩子他们很粗鲁没有任何用。与我们希望的相反，这并没有引导他们变得彬彬有礼。危险的是，孩子会接受我们的评价，并使之成为自我认知的一部分。一旦他们认为自己很粗鲁，就将继续维持这一形象。粗鲁的孩子举止粗鲁是再正常不过的事情了。

尖刻的指责和悲观的预言对孩子没有任何帮助。成年人使用简单文明的语句效果会更好。到亲戚朋友家拜访是向孩子展示礼貌的机会。对父母和孩子来说，走亲访友应该是高高兴兴的。孩子的行为由孩子和主人负责时，才能真的开心而归。

孩子们知道父母不愿意在别人家里训斥他们，他们审时度势，选择在这些地方胡作非为。对付这种策略最好的办法是，让主人制定自己的规矩，并执行这些规矩。孩子在玛丽阿姨家的沙发上跳来跳去时，让玛丽阿姨来决定沙发是不是用来跳的，让她去提出规矩。由外人制定规矩，孩子更容易服从。母亲卸下了管教之责，可以通过表达理解孩子的愿望和感受来帮助孩子："你希望玛丽阿姨能让你在她的沙发上跳来跳去。你真的很喜欢这样做，但这是玛丽阿姨的家，我们必须尊重她的意愿。"如果孩子反驳说："但是你让我在我们的沙发上跳。"母亲可以回答："这是玛丽阿姨的规定，和我们家的规定不同。"

只有主人和客人就各自的责任范围达成一致，本策略才能实施。到了玛丽阿姨家，露西的父母可能会说："这是你的家。只有你知道什么行为可以接受，什么行为不可以接受。如果你不喜欢我的孩子们做的事，请随时训斥他们。"主人有权利，也有责任要求客人遵守家里的规矩。来访的父母有责任暂时放弃管教者的角色。通过适当的不干预，父母可以帮助孩子了解当下的处境。

结　论

每位家长都有过这样的困惑,想知道如何处理谎言、偷窃以及一系列在成长过程中随时可见的不端行为。威胁、贿赂、承诺、讽刺和粗鲁不是答案。最有效的解决办法是发表明确声明,表达我们的价值观。不问已经有答案的问题。最重要的是,给孩子的尊重应像我们自己期望得到的那种尊重一样。用关爱而权威的方法来处理孩子的不良行为,也有助于加强亲子关系。

第四章

责任：传输价值观念而非只求顺从

各地的父母都在想办法教育孩子要有责任感。在许多家庭中，父母想通过日常家务来解决问题。人们认为，倒垃圾、做饭、修剪草坪、洗碗能有效地培养成长中的孩子的责任感。事实上，这些家务活虽然对家庭管理很重要，但对培养责任感可能没有积极作用。相反，在一些家庭里，家务活常常会使家庭成员陷入争吵之中，让孩子和父母都感到痛苦、愤怒。强制孩子做家务可能会使他们乖顺，厨房和院子也会更干净，但可能会对孩子性格的塑造产生不良影响。

　　事实上很明显，责任不能强加于人。它只能从内心中产生，由从家庭和社会中获得的价值观滋养、引导。

责任的源泉

虽然我们希望孩子成为负责任的人，但更希望他们的责任源于终极价值观，其中包括对生命的尊重和对人类福利的关心。用熟悉的话说，就是同情、承诺和关爱。我们通常不会从更宏观的角度考虑责任问题。我们总是从更具体的角度来看待责任的缺失：孩子房间零乱，上学迟到，家庭作业草率，不爱练琴，犟头倔脑或没有礼貌。

然而，孩子可能很有礼貌，保持自己和房间整洁，准确完成作业，但他们仍然会做出不负责任的决定。有的孩子总是被告知该做什么、不该做什么，因此很少有机会自己进行判断、做出选择，进而形成内心的标准，这种孩子尤其容易做出不负责任的决定。而有机会做出决定的孩子长大后会在心理上自立，成年后能够选择合适的伴侣和工作。

孩子对指令的内在情绪反应是决定性因素，决定了他们学到多少我们希望他们知道的东西。价值观不能被直接传授。只有通过认同和模仿那些赢得孩子的爱和尊重的人，价值观才会被吸收，成为孩子的一部分。

因此，孩子的责任感问题又回到了父母身上，或者更准确地说，回到了父母在实际的育儿过程中表达的价值观上。育儿过程中，父母表现出的价值观可以增强亲子关系。现在要思考的问题是，是否有任何明确的态度和做法，能使孩子产生所期望的责任感？本章的其余部分会从心理学的角度回答这个问题。

理想的目标和日常实践

孩子的责任感源于父母的态度和技巧。态度包括愿意让孩子感受到他们所有的感受，技巧包括有能力向孩子们展示可接受的处理情绪的方法。

满足这两项要求非常困难。我们自己的父母和老师也没有让我们为处理情绪做好充分准备。他们自己也不知道如何应对强烈的感情。面对孩子失控的情绪，他们试图否认、拒绝、压制或美化这些情绪。他们会说些没有什么帮助的话：

否认：你说的不是真心话，你其实是爱你弟弟的。
拒绝：你不是这样的。只是今天很糟糕，你很难过。
压制：如果你再提"仇恨"这个词，你会被暴揍一顿。好孩子不会有这种感觉。
美化：你并不是真的恨你妹妹——也许你不喜欢她。在我们家，没有恨，只有爱。

这些说法忽略了一个事实，即情感就像河流一样，无法阻止，只能引导。强烈的情感，就像密西西比河不断上涨的河水，无法否认，无法与之讲理，也无法通过谈话使之消失。试图忽视它们会招致灾难。必须认识到情感，必须承认情感的力量，必须尊重情感，并用智慧引导情感。通过这样的引导，情感可以使我们的存在充满活力，并给我们的生活带来光明和欢乐。

　　这些都是宏图伟愿。问题是：可以采取哪些步骤来弥合理想目标和日常实践之间的鸿沟呢？从哪里开始呢？

长远计划与短期计划

答案似乎在于制订长期努力和短期努力相结合的计划。我们需要立即明确地认识到，性格教育取决于我们与孩子的关系，性格特征不能通过言语传递，必须通过行动传达。

长远计划的第一步是下决心对孩子的想法和感受产生兴趣，不仅对他们的行为、外在的顺从或叛逆做出反应，而且对引发这种行为的感受做出反应。

如何才能意识到孩子的想法和感受？孩子给了我们线索。他们通过言语、语气、手势和姿势来表达感情。我们所需要的只是倾听的耳朵、关注的眼睛、感知的心。我们内心的座右铭是：让我理解。让我表明我理解，让我不用批评或谴责来表明这一点。

孩子从学校回家，一声不响，动作缓慢，拖着步子，我们可以从脚步声判断出孩子遇到了不愉快的事情。遵循我们的座右铭，谈话开始时不要发表批评性的评论，例如：

"脸色怎么这么不好？"

"你干什么了？失去了最好的朋友？"

"这次又干什么了？"

"今天惹什么麻烦了？"

既然对孩子的感受感兴趣，我们就应该避免那些只会引起怨恨的评论，避免那些让她希望自己没有回过家的评论。孩子有权从声称爱他们的父母那里得到同情的回应，而不是嘲笑或讽刺，例如：

"你有不高兴的事。"
"今天对你来说可不是个好日子。"
"看来你今天过得很糟糕。"
"有人为难你了。"

这些话比诸如"怎么了?""你怎么回事?""发生了什么事?"之类的问题更可取。问句表达了好奇，陈述句则表达了同情。即使父母富有同情心的评论不会立即改变孩子的坏心情，父母理解的话语也会向孩子传递出爱的情感。

治愈孩子情感的创伤

丹尼尔告诉母亲他在学校被校车司机辱骂、推搡了，母亲的责任不是去探寻司机的动机或者为他辩护，而是富有同情心地回应，为孩子提供情绪上的安抚，例如可以说：

"对你来说一定非常尴尬。"
"你一定受到了羞辱。"
"这一定让你很生气。"
"那一刻你一定很怨恨他。"

这样的话会向丹尼尔表明，母亲理解他的愤怒、受伤和羞耻，需要母亲的时候，她会在他身边。正如父母在孩子摔倒受伤时迅速提供身体急救一样，他们也需要学会在孩子受到情感伤害时提供情感急救。

孩子们会从生活中学习，这是必然的事实。如果生活在批评中，他们就不能学会承担责任。他们会学会谴责自己，也会学会挑别人的毛病。他们学会怀疑自己的判断，贬低自己的能力，不信任别人的意图。最重要的是，他们会一直活在对厄运的妄想之中。

让孩子们觉得自己有问题,最简单的方法就是批评。批评会削弱他们的自我认知。孩子们需要的不是批评,而是没有贬低意味的信息。

一位母亲看到她 9 岁的儿子史蒂文把几乎整罐巧克力布丁舀到一个超大的碗里。她原本是要责备他:"你太自私了!你只为自己着想!家里又不是只有你一个人!"

但她已经学会了不去贴标签。指出孩子的负面性格特征并不能帮助他成为更有爱心的人。她没有贴标签,而是毫无保留地给出信息:"儿子,布丁要四个人分。""哦,是吗?我不知道。我会放回去一些。"史蒂文回答。

与孩子建立良好关系

那些因为家务和责任而与孩子展开争吵的父母应该认识到：我们是赢不了这场战争的。孩子们有更多的时间和精力来反抗我们，我们没有那么多时间和精力来强迫他们。即使我们赢了，成功地执行了我们的意志，他们也可能会变得无精打采、喜怒无常、叛逆，甚至犯法。

那么，我们的任务就是与孩子建立良好关系。如何完成这项艰巨的任务？通过赢得他们的支持。这似乎是不可能的，然而，这只是有点儿困难，只要开始理解他们的观点，倾听是什么样的情绪让他们有不当行为，我们就有能力做到这一点。

通过认真倾听，父母可以让孩子朝好的方面变化。

当父母看起来对孩子的感受和观点不感兴趣时，孩子会感到沮丧，心生不满。

莎娜对足球不感兴趣，父亲坚持让她陪家人去看弟弟踢球，她拒绝了。父亲勃然大怒，威胁说不再给她零用钱。沙娜怒气冲冲地冲出家门，感到内心受了伤，得不到爱了。当父亲冷静下来后，能够从她的角度来看待她的拒绝，并意识到他想要的是快乐的家庭出游，但没有尊重女儿的感受。莎娜回来后，他向她道歉，并承认让她和家人一起参加对她来说不愉快的活动是没有意义的。他还意识到,如果强迫她去的话,她肯定会让其他人也看不成球赛。

许多父母对家庭活动和庆祝活动的想法过于理想化,忽视了一些潜在的消极情绪,这些情绪往往会破坏他们计划好的欢乐时光。父母需要谨慎选择哪些家庭活动是必须让孩子参加的。让孩子感到无助和怨恨,导致必须忍受孩子的闷闷不乐、愤怒和不愉快,这不符合他们的最大利益。为什么?因为孩子们有很多方法来报复父母,即使自己付出代价。

我们来看看加勒特先生的故事。他是一个爱发号施令的人,但他决定改变对厨师的态度,于是他给厨师打电话。

他:从现在开始我要对你好点儿。
厨师:如果午饭晚了一点儿,你不会骂我吧?
他:不会。
厨师:如果咖啡不够热,你不会泼我脸上吧?
他:以后不会了!
厨师:如果牛排做得太熟,你不会扣我薪水吗?
他:不,绝对不会。
厨师:好吧,那我再也不往你的汤里吐口水了。

孩子有很多种方法对我们吐口水,让我们生活得痛苦不堪。
如果父母不考虑他们的感受和观点,孩子就可能会得出这样的结论:自己的想法很愚蠢,不值得被关注;自己既不可爱,也不值得被爱。

父母用心倾听——不仅倾听,而且考虑孩子的强烈感受,这向孩子传达了一个信息：他们的意见和感受受到重视，他们是受尊重的。这种尊重给了孩子一种自我价值感。这种价值感使孩子能够更有效地处理世界上的各种人和事。

反映孩子的感受

你有没有在游乐园里照过那种奇怪的镜子,在镜子里看到自己被夸大、扭曲的样子?你有什么感觉?可能不舒服。但你笑了,因为你知道这是假象,你看起来不是那个样子。

但假设这是你见过的唯一一幅自己的影像,你会相信这个畸形的人就是真实的你。如果这是你对自己的唯一印象,你就不会怀疑镜子。

孩子也没有任何理由怀疑父母反映给他们的形象。他们甚至接受父母的负面评价。父母常常给他们贴上愚蠢、懒惰、笨拙、不体贴、自私、麻木不仁、不负责任或不受欢迎的标签。对孩子说"你看起来糟透了""你从来就没做对过一件事"或者"你真笨",并不能让孩子觉得自己漂亮、能干或优雅。许多父母给孩子贴上愚蠢、懒惰、骗子的标签,却期望这样的标签能激励他们变成聪明、勤奋、诚实的人。

消极的父母反应可以轻而易举地扭曲孩子的自我认知。

在一个关于儿童的电视节目中,12岁的特德问我:"爸爸说我懒惰、野蛮、愚蠢。他说得对吗?我觉得我不是那样的。"

"告诉我,如果你爸爸说你是个百万富翁,你信不信?"我问。

"不信。我知道我账户里只有17块钱,那不叫百万富翁。哦,我明白了。他说我很糟糕并不意味着我真的很糟糕。"特德回答道。

"就像你知道自己有多少钱一样,你也知道你是怎样的人,不要管别人怎么说,哪怕那个人是你爸爸。因为他是你的爸爸,你爱他,尊敬他,他那样说你,只会让你更难确信自己不是他描述的那种人。"我说。

消极的标签,可能是为了纠正不当行为,却可以成为接受者一生的负担。

几年前,伟大的大提琴家和人道主义者帕布罗·卡萨尔斯谈到儿童,谈到让他们感到自己与众不同的重要性。他说:"仅仅让孩子知道二加二等于四是不够的。父母应该告诉孩子,'你真了不起!你是一个奇迹!自古以来,从来没有也永远不会有像你这样的孩子。'"

有的孩子很幸运。他们的父母赞同帕布罗·卡萨尔斯的说法,知道如何让孩子觉得自己与众不同。

10岁的伊迪丝和妈妈在百货商店购物时,突然听到一个小男孩的哭声。他好像是走丢了。过了一会儿,保安发现了他,带他去找妈妈。

那天晚上,伊迪丝看上去很难过,对母亲说:"我在想,那个小男孩意识到找不到妈妈时,一定吓坏了。"母亲的第一反应是让女儿放心:"哦,别担心。他可能马上就找到了他妈妈。"不过,她决定借此机会让伊迪丝意识到自己具有关心他人的品质。

母亲:伊迪丝,你真的很关心那个迷路的小男孩。

伊迪丝：我一直在想他看起来多么悲伤。

母亲：你表现出了真正的同理心和同情心。你似乎感受到了那个孩子的恐惧。

伊迪丝：天哪，妈妈，我从没想过自己有什么特别的。

预防"愤怒的葡萄"[1]

父母应该小心避免那些会导致憎恨的词和说法。

侮辱：你给学校丢脸，给家人丢脸。

预言：再这样下去，你最终会进监狱！

威胁：如果不安静下来，你就别再想你的零用钱了，也别再看电视了。

指责：你总是第一个挑起事端。

发号施令：坐下，闭嘴，吃你的饭。

---

[1] 《愤怒的葡萄》是约翰·斯坦贝克创作的长篇小说，讲述了美国20世纪30年代经济恐慌时期，大批农民因错误的政策而破产、逃荒，最后奋起反抗的故事。——编者注

没有攻击性地表达感受和想法

面对麻烦，父母在不攻击孩子人格和尊严的情况下陈述自己的感受和想法会更有效。以代词"我"开头，父母可以表达自己的愤怒情绪，描述孩子的不良行为，而不带有侮辱或贬低的意味。例如："我一再要求儿子把音响的音量调低，他不理睬我，这让我很生气，也很受伤。"

父母认真倾听，努力理解孩子的观点，停下尖刻的评判，不带侮辱性地反映他们的感受和要求，孩子就会开始改变。这种同情的气氛使孩子更靠近父母，关注并仿效父母公平、体贴和礼貌的态度。这些改变不会在一夜之间发生，但努力最终会得到回报。

通过采取这些态度和做法，父母教育孩子承担责任的任务就能完成大半了。然而，光有榜样是不够的。责任感是每个孩子通过自己的努力和经验获得的。

父母的榜样作用为学习创造了有利的态度和氛围，具体的经历能够巩固学习成果，使之成为孩子性格的一部分。因此，重要的是要为不同成熟程度的儿童匹配特定的责任。

在大多数家庭中，孩子都会产生问题，但父母可以找到解决方案。如果想要孩子成熟，就必须给他们自己解决问题的机会。下面是一个例子。

菲尔的老师周末要带全班同学去滑雪。16岁的菲尔到车站后,老师不让他参加这五个小时的旅程,因为他忘了带家长同意书。他怒不可遏,回到家冲着妈妈说:"妈妈,如果你不开车送我去佛蒙特州,你会失去你支付的100美元。"

"菲尔,"她回答,"我知道你多么想去,希望我能帮你。但你知道让我开车送你是不可能的。"

"我能怎么办?"菲尔抱怨道。

"你考虑过坐公共汽车吗?"他的母亲建议道。

"不行,因为我要换乘太多趟车。"菲尔回答。

"看来你已经决定不坐公共汽车了。"他的母亲平静地说。

菲尔又喃喃自语了几分钟,说他感觉多痛苦,然后离开了房间。回来时,他宣布自己找到了一辆巴士,可以把他送到山上,一切计划照旧。

开车去汽车站的路上,菲尔告诉妈妈:"老师对我说,'你忘了签同意书又不是我们的错'。"接着他又说,"我表现得很成熟。你知道我是怎么回答她的吗?'我不想找碴儿。我感兴趣的是怎么解决这个问题。'"

"好吧,"他的母亲说,"你知道,遇到麻烦事,责备是没有用的。"

这位母亲的沟通技巧帮助儿子将注意力集中到解决问题上。因此,他没有把时间浪费在指责和羞愧上。尽管他仍然希望母亲能帮他摆脱困境,但受到鼓励后,他找到了办法去想去的地方。妈妈让菲尔自己找到解决问题的方法,让他觉得自己有能力、有责任感。

发言权和选择权

孩子并不是天生就有责任感的,也不是到了某个特定的年龄就会自动获得责任感。责任感就像弹钢琴一样,是在漫长的岁月里慢慢培养出来的,需要每天练习,进行判断,选择适合孩子年龄和理解力的事物。

责任感的教育可以在孩子很小的时候就开始。允许儿童在影响他们的事项上发表意见,并在任何情况下允许他们做出选择,可以培养责任感。在这里,刻意区分了发言权和选择权。有些事情完全属于孩子的责任范围。对于这种事情,孩子应该有选择权。有些影响孩子权益的事项完全属于我们的责任范围。对于这些事情,孩子可以有发言权,但没有选择权。我们做出选择,同时帮助孩子接受不可避免的事情。我们需要明确区分这两个责任领域。接下来让我们来看看父母和孩子之间经常发生冲突的几个方面。

食物

即使是两岁的孩子,也已经可以问他要半杯牛奶还是一杯牛奶了。(那些担心孩子总是选择半杯的家长可以从大一点儿的杯子开始。)4岁的孩子已经可以在半个苹果和整个苹果之间做出选择；而6岁的孩子可以自己决定煮鸡蛋想要硬的还是软的。

父母应该有意识地向孩子们呈现更多的情境，让他们做出选择。父母选择情境，孩子做出选择。

不要问小孩子"你早餐想吃什么？"可以问他"你要炒蛋还是煎蛋？""你的面包要不要烤一下？""燕麦要热的还是凉的？""喝橙汁还是牛奶？"

这些问题向孩子传递的信息是，他对自己的事情负有一定责任。他不只是接受命令，还参与到塑造自己生活的决策中。从父母的态度中，孩子应该得到一个明确的信息：我们提供了许多可选项——选择是你的责任。

孩子的不良饮食问题往往是由父母对孩子的味蕾过于关注造成的。他们唠叨着让孩子吃某种蔬菜，并（很不科学地）告诉他们哪种蔬菜最健康。对孩子来说，父母最好不要对食物有强烈的感情，父母提供质量高、味道好的食物，并相信孩子可以根据自己的胃口吃多少——只要与医生的建议不相冲突。显然，吃饭属于孩子的责任范围。

在有机会的情况下，不让孩子有发言权，不让他们有选择权，他们很难感受到自己的重要性。下面的故事就说明了这一点。4岁的亚瑟和妈妈坐在咖啡店里。

服务员：吃些什么？

亚瑟：我要一个热狗。

母亲：给他一个烤牛肉三明治！

服务员：热狗加番茄酱还是芥末？

亚瑟（对妈妈说）：嘿，妈妈，我说的她当真了！！！

衣服

给小孩子买衣服时，我们有责任决定他们需要什么样的衣服，以及预算是多少。在商店里，我们先挑选几个货品——这些货品的价格我们都可以接受，让孩子选择自己更喜欢穿哪件。如此，即使是6岁的孩子也可以从父母挑选的袜子、衬衫、连衣裙和裤子中进行选择。许多家庭的孩子在为自己买衣服方面没有经验，也没有任何技能。事实上，如果没有人帮忙挑选，有些成年人甚至无法为自己买一套西装。

特别是年龄较大的孩子，甚至应该被允许选择可能与父母或朋友所能接受的标准不同的衣服。孩子可能想用父母不喜欢的方式来表达自己的个人品位。只要大孩子选择用自己的钱，就应该允许她买自己喜欢的东西。如果同龄人取笑她，或者明确表示他们觉得她的品位"奇怪"，那么她很可能会改变自己的品位，以求与同龄人保持一致。父母可以让孩子的同学替他们完成这个任务，从而避免亲子之间的批评、反对、争论和不良情绪。有些孩子非常有创造性，有些父母很乐意让这些孩子穿自己喜欢甚至自己设计的衣服，无论他们与同龄人有多不同。

有时候，青少年可能会穿非常性感的衣服。父母可以让孩子思考一下衣服所传递的信息："你想让别人觉得你很与众不同吗？""你想让所有看到你的人都觉得你很性感吗？"

家庭作业

从一年级开始，家长的态度就应该传递这样一个信息：家庭作业严格来说是孩子和老师的责任。父母不应该对孩子的家庭作业唠叨不休。他们不应该监督或检查家庭作业，除非受到孩子的邀请。（这个原则可能与老师的意愿相违背。）父母一旦承担起家庭作业的责任，孩子也让他们这样做了，就再也无法摆脱这种束缚。家庭作业可能成为孩子手中惩罚、勒索、剥削父母的武器。如果父母对孩子作业的细枝末节不那么感兴趣，而是明确无误地告诉孩子"家庭作业是你的责任"，那么家庭生活就可以避免许多痛苦，也可以增添许多快乐。家庭作业对孩子来说就像工作对我们来说一样。

许多好学校不给孩子布置家庭作业。这些孩子似乎和那些六七岁时为作业而挣扎的孩子学到的一样多。家庭作业的主要价值在于它给予孩子独立工作的体验。然而，要想有这样的价值，家庭作业必须根据孩子的能力进行调整，这样孩子就可以在几乎不需要别人帮助的情况下独立完成。直接的帮助可能只会传达给孩子：如果没有父母的参与，自己是无助的。不过，一些间接的帮助可能有用。例如，我们可以确保孩子有私人空间、合适的桌子、参考书和电脑。我们也可以根据季节帮助孩子找到写作业的恰当时间。春秋两季温和的下午，孩子的兴趣首先肯定是在玩耍上，然后才是写家庭作业；寒冷的冬天，如果要看电视的话，必须把作业放在第一位。

有些孩子写作业时喜欢挨着大人。他们分析问题或试着理解书中的段落时，需要大人倾听。也许可以允许他们使用厨房或餐厅的桌子。然而，不应该评论坐姿是否标准、外表是否整洁、是否爱护家具。

有些孩子咬铅笔、挠头、摇椅子，甚至听音乐的时候学习效果更好。我们的评论和限制会增加他们的挫折感，干扰他们的脑力劳动。我们的要求传递出尊重，能够维护孩子的自主权时，孩子对我们的抵制就会减少。

孩子的家庭作业不应该随便被问题和差事打断。我们应该在幕后给予安慰和支持，而不是指导和帮助。如果受到邀请，偶尔我们可能会阐释一个观点或解释一个句子。然而，我们应该避免这样评论："如果不是这么心不在焉，你不会忘了作业的。"还有："但凡你听老师的话，你就会知道你的作业了。"

我们的帮助要有节制，也要有同情心。我们应倾听而不是说教。我们指出道路，但希望旅行者能靠自己的力量到达目的地。

下面的故事展示了一位母亲的技巧，防止家庭作业问题演变成剧烈冲突。11岁的海伦从桌子旁站起来，向母亲挑战："我不想写作业。我太累了。"

常见的回答是："什么意思？你不想写作业？玩起来你从来不会累，一写作业就累。看我是不是在乎你带回一张糟糕的成绩单。"

相反，海伦的母亲认同女儿，回答说："看得出来你很累，你一直很努力。休息好了就回来看书。"

父母对学校和老师的态度，可能会影响孩子对家庭作业的态度。如果父母习惯性地斥责学校，贬低老师，孩子会显而易见地给出差评。父母应该支持老师的立场，支持有关家庭作业的要求。老师要求严格时，是父母表达同情的好时机。

"今年真不容易——这么多作业！"

"今年真的很难。"

"她肯定是个严格的老师。"

"我听说她要求很多。"

"我听说她对作业要求很严。我猜今年你们的作业会很多。"

重要的是要避免每天因家庭作业发生冲突,比如:"听着,安布尔,从现在开始,你每天下午都要学习拼写,包括星期六和星期日。不能再玩了,也不能再看电视了!"或:"罗杰!我烦透了老是提醒你写作业。爸爸会让你专心写作业的。如果你不认真写,你会后悔的!"

威胁和唠叨很常见,因为它们让父母相信自己正在采取措施来改变这种情况。事实上,这样的警告比无用更糟糕,只会导致气氛紧张,父母烦恼,孩子愤怒。

学校寄来一封投诉信,14岁的伊万学习落后了。他父亲的第一反应是给儿子打电话,狠狠地骂了他一顿,还要惩罚他:"听着,儿子,从现在开始你每天都要写作业,包括周末和节假日。不能看电影,不能看电视,也不能玩电子游戏,不要再去找朋友玩。我亲自盯着你做正事。"

这种话之前已经说了很多次,只会让父亲气急败坏,儿子则无动于衷。施加的压力只会让伊万更加抗拒,他越来越擅长逃避、隐瞒。

这一次,伊万的父亲没有威胁和惩罚儿子。相反,他唤起了儿子的自尊心。他把老师的信拿给伊万看,说:"孩子,我们期待你做得更好，变得更见多识广，世界需要有能力的人。还有那么多问题需要解决，你可以做点儿什么。"

伊凡被父亲的话和语调深深打动了，说："我保证认真学习。"

许多有能力的孩子在家庭作业上落后，在学校里成绩不佳，这是对父母夙愿的无意识反抗。为了成长、成熟，他们需要获得独立感，以及与父母的分离感。父母过于关心孩子的学业记录时，孩子的自主性就会受到威胁。如果家庭作业和高分是父母王冠上的钻石，孩子可能会无意识地更喜欢带回家一顶杂草丛生的王冠，至少这是属于自己的。通过违背父母的意愿，年轻的叛逆者获得了独立感。因此，对个性和独特性的需求可能会把孩子推向失败，不管父母如何施加压力和惩罚。如一个孩子所说："他们可以剥夺电视和零用钱，但他们不能阻止我不及格。"

很明显，对学习的抗拒不是通过对孩子严厉要求或宽容就能够解决的简单问题。压力的增加可能会使孩子更加抗拒，而放任的态度可能会意味着接受孩子的不成熟、不负责任。解决这个问题既不容易又缓慢。有些孩子可能需要心理治疗来解决他们与父母的争斗，从成就中，而非糟糕的成绩中，获得满足感。

其他人可能需要具有心理学知识的人员进行辅导，如学校的辅导员或心理辅导老师。重要的是父母不对孩子去进行辅导。我们的目标是告诉孩子，他们是独立于我们的个体，要对自己的成功和失败负责。如果允许孩子作为有着自己的需求和目标的个体来体验自我，孩子就开始承担自己的生活及需求的责任。

零花钱：认识金钱的意义

不应该用零花钱作为良好行为的奖励，也不应该将其作为做家务的报酬。它是一种目的明确的教育手段：通过行使选择权和承担责任，形成使用金钱的经验。因此，对零花钱进行监管有违这一目的。需要制定总的原则，规定零花钱预计涵盖的开支：零食、午餐、学习用品等。随着孩子年龄的增长，产生了额外的开支，零花钱也要相应增加：俱乐部会费、娱乐费用、服装配饰的费用等。

可能会出现滥用零花钱的情况。有些孩子不善于管理预算，过早地花掉太多钱。应以务实的方式与孩子讨论乱花钱的问题，以便达成双方同意的解决方案。如果多次出现随意花费的情况，可能有必要将零花钱拆开，每周给孩子两三次。零花钱本身不应被用作悬在孩子头上的棍棒，以施加压力让孩子取得成就或顺从父母。生气的时候不应该克扣，心情好的时候也不应该随意增加。就连孩子也对这种安排感到不舒服，正如这则故事所表明的那样。

母亲：你真是个好孩子。给你点儿钱去看电影吧。
儿子：不用给我钱，妈妈。你什么都不给，我也是个好孩子。

给多少零花钱比较合适？这个问题没有放之四海而皆准的答案。零花钱应该符合我们的预算。不管邻居的标准如何，我们都不应该被迫超过负担得起的程度。如果孩子提出抗议，可以真诚而同情地告诉他或她："我们也想给你更多零花钱，但我们的预算有限。"比起试图说服孩子并不真的需要更多钱，这个方法更好。

金钱和权力一样，没有经验的人很容易处理不当。零花钱不应超过孩子的管理能力。开始时给孩子一点儿零花钱，可以不时调整，总比给孩子太多的钱让他负担过重要好。孩子开始上学并学会数钱和找零时，就可以给他们零花钱了。有个条件对零花钱来说必不可少：除去固定开支后，剩下的一小笔钱应该是孩子自己的，可以存起来，也可以花掉。

照顾宠物——父母和孩子的共同任务

孩子答应照顾宠物，只是表现出良好的意愿，而不是证明他们有能力。孩子可能需要、想要、喜欢宠物，但很少能够妥善地照顾它。对动物生命的责任不能只由孩子一个人承担。为了避免挫折和相互指责，最好是假设孩子养宠物意味着给父母找活儿。有宠物玩耍、有宠物陪伴，可能使孩子受益匪浅，分担照顾宠物的活儿也可以让孩子从中受益——但宠物生存和健康的责任必须由成年人承担。孩子可能会同意负责喂养宠物，但仍然需要父母友好的提醒。

责任冲突的区域

当我们的要求传递出尊重，保障孩子的自主性时，孩子对我们的抵制就会减少。

母亲让孩子收拾桌子。他们拖拖拉拉的样子让她很恼火。放在过去,她会大喊大叫,威胁恐吓。这一次,她陈述了事实,没有威胁:"餐桌收拾干净后,甜点就会出现。"一阵忙乱告诉她,她切中要害了。

孩子们会对不用命令措辞的简短陈述做出反应。那是一个寒风凛冽的日子,9岁的托德说:"我今天想穿牛仔夹克。"他妈妈回答说:"看看温度计。40度以上穿牛仔夹克,40度以下穿冬装。"托德看了看温度计,说:"哦,好吧,现在是30度。"[1] 他穿上了冬装。

过去,7岁的阿米莉亚和9岁的拉里在客厅打球时,他们的父亲会大叫:"我要告诉你们多少次客厅不是球场?你们可能打碎这里很多值钱的东西。你们太不负责任了!"但这一次,他决定通过给孩子们一个选择来处理这种反复出现的情况:"孩子们,你们有两个选择:一、出去玩;二、不许再玩。你们决定吧。"

乔治的母亲再也无法忍受13岁的儿子的长头发,她想了个策略,维护了他的自主权和尊严。她给了乔治一个选择,说:"你的头发到肩膀了。需要修剪一下。怎么修剪就看你的了。可以去理发店,也可以自己剪。""你别想带我去理发店。"乔治回答,"必须修剪的话,我会亲自动手。"

第二天,乔治带回家一把特制的剃刀梳子。他请母亲先帮他粗略地剪了剪,然后花了一个小时剪头发。从浴室出来的时候,他得意扬扬:"看起来很不错吧?"他喜形于色。

乔治的母亲说:"我很高兴自己没有唠叨,没有大喊大叫,也没有强迫他。相反,我给了儿子一个选择的机会,帮他挽回了

---

[1] 此处为华氏度,40度约合4℃,30度约合-1℃。——译者注

面子。"

书面文字往往能达到口头评论所不能达到的效果。

一位家长厌倦了唠叨,于是试着用幽默的广告来招聘干家务活的:招聘10至12岁的年轻人。必须肌肉发达、聪明、勇敢,还能击退野兽,能穿过房子和垃圾桶之间茂密的灌木丛。申请者请在洗碗机和厨房水槽的角落处排队。

招聘美丽的公主或王子来帮助布置皇家宴会的餐桌。

这些告示逗得孩子们哈哈大笑。最让家长高兴的是孩子们的态度,他们毫无怨言地承担起了责任。

音乐课:维护家庭和谐

孩子弹奏乐器时,父母迟早会听到熟悉的腔调:"我不想再练习了。"客观地面对这种腔调不是一件容易的事。

家长们经常被问及如何激励孩子学音乐。下面展示了一位母亲是如何通过赞赏性的问题做到这一点的。

7岁的安第一次用双手弹钢琴。

> 母亲:你以前弹过这首曲子吗?
> 安:没有。
> 母亲:你是说你是第一次弹这首曲子?
> 安:是的。你觉得我以前弹过?
> 母亲:对啊。

安：我的视奏能力确实提高了。连老师都注意到了。

母亲：的确是。

安继续兴致勃勃地弹钢琴。安的母亲故意问一些问题，以提升女儿对自己音乐能力的看法。

相反，批评则会扼杀动力。

10岁的迈克尔已经学习一年多小提琴了。他的父母总是批评和挖苦他。每节课后，他们都对他的进步进行评价。每当他慢慢地练习新曲子，错误百出时，父亲就会大声叫道："你就不能少犯点儿错误吗？不要作曲！跟着音符走！"结果在意料之中，迈克尔不再拉小提琴了。

为了获得演奏乐器这一技能，孩子需要的是对努力的赞赏，而不是对错误的批评。错误是用来纠正的，而不是攻击孩子能力的借口。

孩子拒绝上音乐课时，许多家长会进行解释或威胁。这里有一个更有效的替代方案。

玛西娅（8岁）：我不想再上小提琴课了。老师希望我把每一首曲子都弹得完美，但我做不到。

母亲：小提琴是一种难学的乐器，拉起来并不容易。不是每个人都能学会的。掌握它需要下很大的决心。

玛西娅：我练习的时候你会陪我吗？

母亲：只要你想让我陪。

母亲故意不恳求,也不威胁。她没有告诉女儿该怎么做:"多练习,就会弹得更好。"她表示了解这项任务的艰巨性,愿意提供象征性的帮助。这种方法似乎给了玛西娅继续上音乐课的动力。

10岁的拉里一直抱怨音乐老师。母亲没有试图改变他的看法。相反,她承认拉里心怀不满,为他提供了选择。

拉里:钢琴老师对我的期望太高了,而且话太多。我一问问题,她就训我一顿。

母亲:在我去找另一位老师的时候,你能不能不去上钢琴课,给自己放个假?

拉里(震惊):你想取消我的音乐课吗?音乐对我来说太重要了,我永远不会放弃它。

母亲:是的,我能听出你是多么珍惜你的音乐课。

拉里:也许这个老师并没有那么糟糕,我真的从她身上学到了很多。我想再给她一次机会。

拉里的母亲使他有可能改变主意,因为她没有反对他的抱怨。父母尊重孩子的感受和意见,就有可能使孩子考虑父母的愿望。

索尼娅(11岁):我不想再上钢琴课了,又浪费时间又浪费钱。我想改上网球课。

父亲:一定要二选一吗?

索尼娅:如果我继续弹钢琴,你就会唠叨着要我练习。我不想自找麻烦。

父亲：我尽量不唠叨。我相信你自己有练习计划。

索尼娅没有再说什么，她开始上网球课，也没有放弃弹钢琴。

一些父母想起自己被迫上的音乐课，决定让孩子免受这种痛苦。他们得出结论，弹不弹琴不是他们的问题，而是孩子的问题，要由孩子自己决定要不要练习。孩子根据自己的愿望，想弹的时候就弹。除了学费仍然是父母的职责，练习乐器应该是孩子的责任。

另外一些父母回忆起自己由于父母过于放任而荒废了音乐才华，决定不论如何，都要让自己的孩子学习乐器。甚至孩子还没有出生，他们就已经为孩子选择好了乐器。一旦能开始拉小提琴、吹小号、弹钢琴，他就开始练习命中注定的乐器。孩子的眼泪和发脾气会被忽视，反抗会被压制。父母言之凿凿："我们负责钱——你负责练。"这种情况下，孩子可能达到也可能达不到很高的音乐水平。然而，这项事业成本可能太高。如果将父母和孩子之间长期不稳定的关系包括在内，代价就太高了。

儿童时期音乐教育的主要目的是为感情提供有效的释放渠道。孩子的生活充满了限制、规则和挫折，释放渠道变得至关重要。音乐是最好的途径之一：它让愤怒发声，让欢乐成形，让紧张得到缓解。

家长和老师通常不从这个角度来看待音乐教育，大多数情况下，他们只想寻找再现旋律的技巧。这种方法不可避免地涉及评判孩子的表现和个性。结果我们很熟悉，往往令人悲伤：孩子试图放弃功课，避开老师，结束音乐"事业"。许多家庭里，一把废弃的小提琴，一架未用的钢琴，一支无声的长笛，只会使人痛苦地想起努力受挫、希望破灭。

父母能做些什么？父母的职责是找到一个善良体贴的好老师——一个既懂音乐又懂孩子的老师。是老师掌握着孩子对音乐持续兴趣的钥匙，是老师可以打开或锁上机会之门。老师的首要任务是赢得孩子的尊重和信心。如果老师做不到这一点，教学就不可能成功：孩子不会从自己讨厌的老师那里学会热爱音乐。老师的情感语调比老师的乐器更能产生强烈反响。

为了避免麻烦，老师、家长和孩子应该讨论并同意几个基本规则。以下是示例：

1. 如欲取消课程，必须于预约时间前一天通知。
2. 如果必须取消预约，应该是孩子给老师打电话，而不是家长。
3. 在音乐练习的时间和节奏的选择上有适当的回旋余地。

这些规则防止孩子在最后一刻"情绪化"取消课程，并鼓励孩子具有独立意识和责任感，还向孩子传递了这样一个信息：我们尊重音乐，但更尊重情感和思想。

不应该因练习而唠叨孩子。不应该提醒孩子这件乐器花了多少钱，以及说，父亲是如何努力工作才挣到这笔钱的。这样的言论只会让孩子心生内疚和怨恨。它们既不能产生音乐敏感性，也不能带来对音乐的兴趣。

父母应该避免对孩子"了不起"的音乐天赋做出预言。下面这种说法是非常令人沮丧的："你有非凡的才能，只要你能好好利用。""你可以成为另一个比利·乔尔[1]，只要你肯用心。"孩子可能会得出结论：维护父母幻想的最好方式就是不去测试它们。孩子的座右铭可能会变成"如果我不努力，就不会让父母失望"。

知道困难被理解、重视时，孩子会受到最大的鼓励。第三节钢琴课上，6岁的罗斯林不得不尝试一种新的技巧：用双手演奏八音音阶。老师非常熟练地演示了这个练习，说："看，很容易。现在你试试看。"罗斯林不情愿地、笨拙地试图模仿老师，但没有成功。这节课结束后，她灰心丧气地回家。

练习的时候，和老师不同，母亲说："用一只手弹八音音阶不容易。用两只手更是难上加难。"罗斯林欣然同意母亲的话。她在钢琴上用正确的手指慢慢地弹奏出正确的音符。妈妈说："我听到音符是正确的，也看到手指是正确的。"女儿显然很满意，回答说："是很难。"那天，罗斯林继续练习，超过了约定时间。这一周，她给自己设定了更多困难的任务，直到学会了蒙着眼睛弹奏八音音阶，她才满意。与建议、赞扬或现成的即时解决方案相比，对困难的同情理解更能激励孩子。

---

[1] 比利·乔尔（Billy Joel），1949年出生于美国纽约，美国著名歌手、钢琴演奏家、作曲家、作词家。——译者注

家长会：
专注于帮助孩子

家长会可能会让父母望而却步，因为经常被要求听取关于孩子的不愉快的批评意见。父母如何将家长会转化为建设性的体验？

唐的父亲（带着便笺簿和笔）来参加家长会，准备把任何关于他儿子的负面评论记录下来，并转化为积极的行动。

父亲：唐今年表现得怎么样？

老师：好吧，我跟你说，你儿子总迟到，还不写作业，笔记本乱糟糟的。

父亲（记录）：你是说唐需要养成好习惯，按时上学，写作业，保持笔记本整洁。

唐的父亲和老师谈话回来后，10岁的唐问："老师都跟你说了些什么？"父亲说："我把她说的写下来了。你想看的话可以看。"唐以为会有人对他的不良行为和家庭作业评头论足，看到父亲的笔记他大吃一惊。唐和父亲都从笔记中受益匪浅。这有助于他们专注于改进，而不是过去的错误。它避免了指责，指明了方向，给出了希望。

每一次家长会都可以以这样一个建设性的基调结束。例如：

"哈里特需要改进，学着将自己视为值得尊重、有能力完成工作的、负责任的人。"

"弗兰克需要改进，学着把自己看作能够为课堂讨论做出贡献的人。"

"西莉亚需要改进，尝试在表达愤怒时不侮辱别人，和平解决争论。"

"比尔在独立学习、自主完成作业方面需要改进。"

通常，转学后，孩子会被要求留级。对许多父母来说这很痛苦，并且令人尴尬。

9岁的鲍勃告诉朋友们在新学校他得再上一次四年级，他妈妈知道后暴跳如雷，大喊道："你跟朋友说你还得再上一次四年级，怎么指望他们尊重你？现在你明白他们为什么不想和你一起玩了吧。"

如果母亲告诉鲍勃她对他留级感到尴尬，破坏性就会小一些："新学校要你复读四年级，我希望这不会让我难堪。我担心你的朋友会认为你很笨。但我希望你不会这么想。毕竟，你复读四年级只是因为转到了一个更难的学校。"

12岁的奥莉维亚转了两次学。第一次她从公立学校转到一所私立学校，被安排读六年级，实际上她已经上过六年级了。第二次转学后，她从八年级跳到了十年级。这是不是意味着六年级时她的父母有一个笨女儿，但到了十年级女儿却变聪明了？是不是意味着第一次转学后他们应该为她感到羞耻，而两年后应该为她感到骄傲？这两种想法对奥莉维亚都没有实质性的帮助。奥莉维亚需要的不是父母对她智力的评价，而是对她有信心，相信她能应对新学校的要求。

朋友和玩伴：
监督孩子的社交圈

从理论上讲，我们希望孩子自己选择朋友。我们相信自由，反对强迫，知道自由交往是民主国家的一项基本权利。然而，孩子经常会把我们无法接受的"朋友"带回家。我们可能不喜欢恃强凌弱的人和势利小人，或者很难容忍没有礼貌的孩子，但除非他们的行为真的让我们感到痛苦，否则最好先研究一下孩子的喜好和吸引力，然后再试图干涉他们的选择。

可以用什么样的标准来评估孩子对朋友的选择？

朋友之间应该互相产生有益的影响，互相矫正。孩子需要有机会与和自己不同但性格互补的人交往。因此，性格孤僻的孩子需要外向的朋友的陪伴，被过度保护的孩子需要更自主的玩伴，胆怯的孩子应该和更勇敢的年轻人在一起，不成熟的孩子可以从年长玩伴的友谊中受益，过于依赖幻想的孩子需要跟不善于想象的孩子交往，好斗的孩子可以被强壮但不好斗的玩伴制止。我们的目的是，通过让孩子接触与自己性格不同的朋友，鼓励互相矫正。

有些交往需要被劝阻。两个幼稚的孩子只会因对方的不成熟更幼稚，两个好斗的孩子只会加强彼此的攻击性，两个非常孤僻的孩子无法参与足量的社交活动，两个失足的孩子可能会加强彼此的反社会倾向。必须特别注意防止美化犯罪行为的孩子成为占主导地位的"朋友",由于他们"经验"更丰富,可能在学校或邻里中被视为英雄,并成为不受家长欢迎但孩子们倾向于认同的榜样。

父母无法影响孩子的友谊,除非和孩子的朋友有联系。父母可以邀请孩子带朋友来家里玩,可以结识孩子朋友的父母,可以观察到各种朋友对孩子的影响。

我们需要微妙的相互制衡的制度,让孩子承担起自己选择朋友的责任;而我们也要承担起责任,确保他们的选择是有益的。

培养孩子的独立性

好的父母就像好老师，应该成为对孩子来说越来越可有可无的人。父母引导孩子做出自己的选择，使用自己的力量，在这种关系中获得满足感。与孩子对话时，可以有意识地使用一些话术，表明我们相信他们有能力为自己做出明智的决定。因此，对孩子的要求，我们内心反应是"是"时，可以用旨在培养孩子独立性的语句来表达。这里有一些说"是"的方式：

"如果你愿意的话。"
"如果你真的喜欢的话。"
"你自己决定。"
"这完全取决于你。"
"这完全是你自己的选择。"
"不管你怎么决定，我都没意见。"

我们的"是"可能会让孩子感到满意，但其他说法会让孩子在做出自己的决定时得到额外的满足，并享受我们对他的信任。

我们都希望自己的孩子成为有责任感的大人。除非以尊重的态度传授，否则有关责任的教育就会误入歧途。家务、食物、家庭作业、零花钱、宠物和友谊都是需要父母指导的重要领域。我们只有敏感地认识到孩子要争取独立，理解孩子的独立性，这种指导才能产生预期的效果。

第五章

管教：寻找惩罚的有效替代方法

医生有一句座右铭："Primum non-nocere"，意思是"最重要的是，不要造成伤害"。父母需要一条类似的规则来帮助他们记住，管教孩子的过程中，不要损害孩子的情绪健康。

管教的本质是找到惩罚的有效替代方法。

威廉姆斯女士正要给一群少年犯上第一堂课，但她有点儿紧张。她轻快地走向讲桌时，绊了一下，摔倒了。全班哄堂大笑。威廉姆斯女士没有因为学生嘲笑她而惩罚他们，而是慢慢地站起来，直起腰，说："这是我给你们上的第一课：一个人可以摔倒在地，但仍然可以重新站起来。"一片沉寂。学生们听进去了她想表达的思想。

威廉姆斯女士懂得如何管教孩子。父母使用智慧的力量而不是威胁和惩罚来影响孩子的行为时，都可以做到这一点。

父母惩罚孩子时，会激怒孩子。孩子满腔愤怒，充满怨恨，无法倾听，也无法集中注意力。因此，在管教方面，任何引起愤怒的行为都应该避免，任何能增强自信、尊重自己和他人的行为都是值得鼓励的。

孩子被父母激怒时会发生什么？他们开始憎恨自己和父母。他们想要报复。他们全神贯注于复仇的幻想。7岁的罗杰受到父亲的惩罚和羞辱后,陷入了幻想世界,幻想自己参加了父亲的葬礼。

父母为什么会激怒孩子?不是因为他们心存不善,而是缺乏技巧,他们没有意识到自己的哪些言论是破坏性的。他们的管教带有惩罚性,因为没有人教他们如何在不攻击孩子的情况下处理问题。

一位母亲讲述了下面这件事。一天,她的儿子弗雷德放学回家,一开门就尖叫着:"我讨厌我的老师。她当着我朋友的面对我大喊大叫,说我说话扰乱了课堂秩序,然后罚我整节课都站在大厅里。我再也不去学校了!"

儿子的愤怒使母亲感到不安,于是她脱口而出:"你很清楚你必须遵守纪律,不能想说话就说话。不听话就会受到惩罚,希望你吸取教训。"

母亲如此回应他恼怒的情绪,弗雷德也对她大发雷霆。

如果弗雷德的妈妈说的是:"站在大厅里多尴尬啊!在朋友面前被骂真丢脸啊!难怪你会生气。没有人喜欢被这样对待。"她充满同情的回应表达了弗雷德难过的感觉,会减少他的愤怒,使他感到被理解、被关爱。

一些父母可能会担心,承认孩子的烦恼并提供情绪急救措施,会传递出一个信息,即他们不在意孩子的不良行为。但在弗雷德的母亲看来,他的破坏行为发生在学校,他的老师会处理的。她觉得痛苦的儿子需要从她那里得到的不是额外的训斥,而是一句同情的话和一颗理解的心。他需要她的帮助来克服烦恼。同理心,即父母理解孩子感受的能力,是养育孩子的一个重要而有价值的因素。

最近,在一家电子产品店,老板对我说:"我听到你讨论管教。

我不同意你的观点。"他伸出巴掌，得意地说："这就是我的管教心理学。"

我问他在修理电脑、立体声音箱或电视机时是否采用了同样的"巴掌法"。"哦，不，"他回答，"做这些事情，你需要技能和知识。这些都是复杂的设备。"

孩子也一样，需要技术娴熟、知识渊博的父母，"巴掌法"对孩子来说毫无意义，就像对电脑一样。没有一个孩子在受到惩罚后会对自己说："我要改进。我要更有责任感、更注重合作，因为我想取悦惩罚我的大人。"

管教，就像外科手术一样，必须精确——不能随意切割，不能漫不经心地攻击。下文中，一位母亲描述了常见的荒谬现象，突显了我们面临的挑战："我意识到一个个人悖论，我经常使用一些我想让孩子改正的不良行为来管教孩子：提高声音来结束吵闹，使用武力来制止打斗，对不礼貌的孩子很粗鲁，谩骂说脏话的孩子。"

不良行为和惩罚并不是相互抵消的对立面；相反，它们辅车相依，齐头并进。惩罚并不能阻止不良行为，它使违规者更善于逃避侦查。孩子受到惩罚时，会下定决心更加小心，而不是更听话或更负责任。

父母的不确定性：
需要更好的方法

在管教孩子的问题上，我们的方法和我们的前辈有什么不同？我们的长辈威势十足，而我们优柔寡断。他们即使有错，也表现得很自信；我们即使是对的，似乎也会怀疑自己的行为。我们对孩子的犹豫不决从何而来？儿童心理学家警告我们，不快乐的童年带来的后果代价高昂。我们深感担忧的是，我们可能会像自己的长辈对自己那样给孩子造成终身的伤害。

被爱的需求

大多数父母都爱自己的孩子，但重要的是，孩子不是每时每刻都迫切需要被父母爱。有些人需要孩子来为自己的婚姻或生活的意义辩护，这使他们处于劣势。因为害怕失去孩子的爱，他们不敢拒绝孩子任何事情，包括对家庭的控制。孩子察觉到父母对爱的渴望，便毫不留情地加以利用。他们仿佛成了暴君，统治着焦虑的仆人。

很多孩子已经学会了如何用不再爱来威胁父母。他们明目张胆地进行勒索，说："如果……我就不会爱你了。"悲剧不在于孩子的威胁,而在于父母感到了威胁。有些父母真的被孩子的话影响了:他们哭着求孩子继续爱他们,试图通过过度纵容来安抚孩子。这对父母和孩子来说都是毁灭性的。

  一天晚饭后,14岁的吉尔要求去朋友家做一个学校的项目。父亲重复家规"上学的晚上不能外出"时,吉尔争辩说这次拜访不是社交活动,而是家庭作业。父亲松口了,吉尔就走了,答应十点半以前回家。

  她十点半还没回来,父亲给她打电话。"我决定在这儿过夜。"吉尔告诉他。父亲气坏了。愤怒的争吵之后,她被勒令回家。吉尔的父亲没有意识到,他打破了自己的规则,向女儿传递了一个信息:如果规则可以被打破,那么承诺也可以不遵守。第二天,吉尔甚至向父亲吹嘘说:"我总能让你按我的意志行事。我可以说服你做任何事。"

  这件事,和其他许多先例一样,使她的父亲大惑不解。他不明白,为什么对他来说,制定规则很容易,而执行起来却如此困难。他不得不同意吉尔的看法,认为她能说服他做任何事。只有当他真正意识到自己被吉尔拒绝时有多伤心,他多么需要她的爱时,他才能真心说"不"。

宽容与纵容

  什么是宽容,什么是纵容?宽容是一种态度,是接受孩子的幼稚。这意味着接受"孩子就是孩子",干净的衬衫穿在正常孩子身上不会长时间保持干净,跑步而不是走路是孩子正常的运动方式,树是用来爬的，镜子是用来做鬼脸的。

宽容的本质是接受儿童作为宪法赋予的拥有各种感受和愿望的人。愿望的自由是绝对的、不受限制的，所有的感觉和幻想，所有的思想和愿望，所有的梦想和欲望，无论内容如何，都被接受、尊重，并允许通过适当的方式表达。鱼游浅底，鸟搏长空，人感知万物。孩子无法控制自己的感受，但要对自己表达这些感受的方式负责，因此，他们不能对自己的感受负责，只能对自己的行为负责。破坏性的行为是不被允许的，当行为发生时，父母会进行干预，并引导其用语言或者其他象征性的行为表达出来。被允许的其他象征性的发泄方式有：画一些"卑鄙"的画，在街区里跑来跑去，在磁带上录下不好的愿望，作一些讽刺挖苦的诗，写谋杀悬疑小说，等等。简而言之，宽容是接受想象和象征性的行为，纵容是对不受欢迎的行为放任不管。宽容和接纳所有的感受带来了信心，增强了表达感受和想法的能力；纵容会带来焦虑，增加对无法给予的特权的要求。

允许情绪，限制行为

管教的基础是区分愿望、情绪和行为。我们对行为设限，但不限制愿望或情绪。

管教中的大多数问题由两部分组成：愤怒的情绪和愤怒的行为。要用不同的方法处理。情绪必须得到谅解、安抚，行为必须得到禁止、扭转。有时，谅解孩子的情绪本身就足以解决问题：

母亲：看起来你今天很生气。

罗恩：当然很生气。

母亲：你有点儿刻薄。

罗恩：说得没错。

母亲：你在生某个人的气。

罗恩：对。你的。

母亲：那你为什么不告诉我？

罗恩：你不带我去看少年棒球联盟的比赛，却带史蒂夫去。

母亲：这让你很生气。我敢打赌，你在心里说："她更爱他，不爱我。"

罗恩：对。

母亲：有时候你真是那么想的。

罗恩：的确是。

母亲：亲爱的，你有那种想法的时候，要记得告诉我。

在其他时候，必须设置限制。4岁的玛格丽特想剪掉猫的尾巴"看看里面是什么"，父亲接受了她对科学的好奇心，但毫不含糊地制止了她的行动："我知道你想看看它里面是什么样子，但尾巴不能剪。让我们看看能不能找到一张照片，让你看看它里面的样子。"

母亲发现5岁的特德在客厅墙上乱涂乱画，她的第一反应是打他。但他看起来很害怕，她就下不去手了。她说："不，特德，墙壁不是用来画画的。纸才是画画用的。给你三张纸。"母亲开始清理墙壁。特德不胜窘迫，说："我爱你，妈妈。"

将此与另一家对类似行为的处理方式进行对比——

"你在干什么？你怎么回事？你不知道不能弄脏墙壁吗？我真是不知道该拿你怎么办。"

有用的管教方法和无用的管教方法

有用的管教方法和无用的管教方法之间有很大区别。管教孩子时，父母有时会禁止不当行为，但忽略了导致这种行为的冲动。这些约束是在愤怒的争论中定下的，往往语无伦次、前后矛盾，带有侮辱性。此外，管教是在孩子最不善于倾听的时候进行的，而且用的是最有可能引起抵触的语言。这往往给孩子留下毁灭性的印象，即不仅他们的具体行为受到批评，而且他们处处不如人。

有用的方法是，我们管教孩子时，专注于他们的行为和情绪。父母允许孩子说出他们的感受，但要禁止不当行为，并加以引导。限制的方式既要维护父母的自尊，也要维护孩子的自尊。这些禁令既不能武断，也不能反复无常，旨在教育和塑造性格，是在没有暴力或过度愤怒的情况下实施的。可以预料并理解孩子对这些禁令的不满；孩子也不会因为不满禁令而受到额外惩罚。

这样进行管教，可能会使儿童自愿接受，以抑制和改变某些行为。从这个意义上说，父母的管教最终可能会使孩子变得自律。认同父母及其表现出的价值观，孩子可以获得自我调节的内在标准。

管教的三个部分：鼓励、允许和禁止

孩子需要对可接受和不可接受的行为有一个明确的定义。知道允许的行为的边界，他们会感到更安全。我们认为孩子的行为可以划分为三个不同类别。

第一类包括需要的和认可的行为，在这个区域，我们自由体面地给出"是"。

第二类包括虽不认可，但由于特定原因而可以容忍的行为。这些原因可能包括：

1. 学习者的回旋余地。持初学者驾照的司机向左转弯时打右转向灯不会被开罚单。为了预期的未来改进，这样的错误是可以容忍的。

2. 特殊时期的回旋余地。特殊的压力环境下——事故、疾病、搬到新社区、与朋友分离、家庭成员死亡或离婚——需要额外的回旋余地。我们允许，是因为我们了解艰难的时期和新的调整。我们不会假装喜欢这种行为。事实上，我们的态度说明这种行为只是在特殊情况下才被容忍的。

第三类是根本不能容忍的行为，必须予以制止。包括危害家人健康和福利或其身体和经济利益的行为。还包括由于法律、伦理或社会可接受性的原因而被禁止的行为。第三个类别的禁止和第一个类别的允许同样重要。

一个女孩认为父亲没有坚持正确的标准，因为他允许她晚上出去玩到很晚。另一个男孩丧失了对父母的尊重，因为他们没有阻止他的朋友们疯狂玩耍，最后几乎毁了他的工作室。

在处理他们不被社会接受的冲动方面，年幼的孩子确实有困难。在孩子努力控制这种冲动的过程中，父母必须成为他们的盟友。通过设定限制，父母为孩子提供了帮助。除了阻止危险行为，禁令还无声地传递了一个信息：不必害怕自己的冲动。我不会让你走得太远。这是安全的。

● 设置限制的技巧

设定限制——与所有的教育一样——结果取决于过程。所规定的限制应明确告诉孩子：①什么行为是不可接受的；②什么替代行为是可以接受的。不可以扔盘子，可以扔枕头。或者用不太符合语法但更有效的语言：盘子不是用来扔的，枕头是用来扔的；弟弟不是用来推的，滑板车是用来推的。最好是全部限制，而不是部分限制，二者有明确的区别。例如，往妹妹身上泼不泼水。如果说："你可以溅她一点儿水，只要别把她弄得太湿。"这会引来水漫金山般的大麻烦。这样模糊的说法，让孩子没有做决定的明确依据。必须明确规定限制，这样才能向孩子传递出信息："这个禁令是真的。父母是认真的。"父母不确定该怎么做的时候，最好什么也不做，只思考并澄清自己的态度。在设定限制时，模棱两可的父母会陷入无休止的争论中。吞吞吐吐、笨嘴笨舌地加以限制，对孩子来说是一种挑战，会引发一场意志的较量，谁也赢不了。

提出限制必须仔细掂量，以尽量减少怨恨，维护颜面。设置限制的过程，说"不"的过程，应该传递权威，而不是侮辱。限制应该针对特定的事件，而不是翻旧账。以下是一个不良做法的例子：

8岁的安妮和妈妈一起去百货公司。妈妈买东西的时候，安妮在玩具柜台里转来转去，挑了三个玩具。妈妈回来后，安妮很有信心地问："我可以把哪些玩具带回家？"这位母亲刚刚花了很多钱买了一件自己也不确定是否想要的衣服,她脱口而出:"还要玩具?你的玩具多得你都不知道该怎么办了。你看到什么想要什么,你该学会控制自己的欲望了。"

一分钟后,这位母亲意识到自己突然愤怒的根源,试图安抚女儿,并用冰激凌贿赂她。但是安妮脸上仍然挂着悲伤的表情。

孩子想要我们必须拒绝的东西时,至少可以满足她的愿望,至少在幻想中给予她在现实中无法满足的东西。这是一种不那么伤人的拒绝方法。因此,安妮的母亲可能会说:"你希望你能把一些玩具带回家。"

安妮:我能吗?
母亲:你觉得呢?
安妮:我猜不能!为什么不能?我真的想要一个玩具。
母亲:但是你可以买个气球或者冰激凌。你自己选吧,想要哪个?

安妮也许会做出选择,也许会哭。无论哪种情况,母亲都要坚持自己的决定,以及所提供的选择。她可以再次通过模仿女儿对玩具的渴望来表示她的理解——但要有限度:"你希望至少能拥有一个玩具,你非常想要。你的哭声告诉我你多么想要那个玩具,我多么希望今天能买得起它送给你。"

女儿宣布不想去上学时,比起坚持"你必须去上学。每个孩子都必须上学。这是法律规定的。我不想让督学来我们家",更体贴的回答至少会在幻想中满足愿望:"你多么希望今天不用去上学啊。你希望今天是星期六,而不是星期一,你可以去和朋友一起玩。你希望至少能多睡一会儿。我明白的。你早餐想吃什么?"

为什么在幻想中同意比直接拒绝伤害更小?因为这位母亲的详细回应表明她理解女儿的感受。被理解时,我们会感到被爱。如果你正在一家高雅的精品店,欣赏橱窗里的一件昂贵而漂亮的衣服,你心爱的人看着你,说:"你是怎么回事!看什么看!你知道我们有经济问题。我们永远也买不起那么贵的东西。"爱人的话不太可能让你产生爱的感觉,只会让你感到愤怒和沮丧。

但是,如果他认可了你的愿望,并说:"哦,亲爱的,我多么希望我们买得起那件漂亮的裙子。你穿上它,配上合适的珠宝和天鹅绒披肩,会多么漂亮啊。即使参加最豪华的派对,能做你的舞伴我也会很自豪。"

不幸的是,这两种反应都不会让你得到这条裙子。但第二种说法至少不会造成伤害,不会引起怨恨,因此更有可能增强爱的感觉。

许多年前,我参观阿拉斯加因纽特人村庄的一所小学,在那里我给孩子们吹口琴。结束时,一个孩子走到我面前说:"我想要你的口琴。"我本可以回答:"不,我不能把口琴给你。我只有这一支,我需要它。而且,这是我哥哥给我的。"孩子会觉得被拒绝了,快乐的节日气氛会被破坏。相反,我在幻想中答应了在现实中无法给予的东西,说:"多么希望我有一支口琴送给你啊!"另一个孩子也提出了同样的要求,于是我回答说:"多么希望我有两支口琴可以送人。"最后,26个孩子都凑上来了,我把数字加上去,最后说:"多么希望我有26支口琴,送你们一人一支。"这似乎成了孩子们很喜欢的游戏。

我在报纸专栏中描述了这件事后,一位杂志编辑写道:"现在,不得不拒稿时,我会从'我们多么希望能发表你的文章'开始。"

● 表达特定限制的不同方式

有一些表达限制的方式会激起抗拒,有些则会引起合作,例如:

1. 父母意识到孩子的愿望,并用简单的语言描述:"你希望今天晚上去看电影。"

2. 父母清晰地陈述对某种特定行为的限制:"但是我们家规定'上学的晚上不能去看电影'。"

3. 父母指出该愿望起码可以部分实现的方式:"周五或周六晚上你可以去看电影。"

4. 父母帮助孩子表达一些在实施限制时可能产生的怨恨,然后表示同情:

"很明显,你不喜欢这条规定。"

"你希望没有这样的规定。"

"你希望规则是'每晚都是电影之夜'。"

"等你长大了,有了自己的家,你肯定会改变这条规则的。"

用这种模式表达限制并不总是必要的或可行的。有时,有必要先说明限制,然后再反映情绪。孩子要向妹妹扔石头时,母亲应该说:"不要朝她扔,朝树扔!"指向树的方向,她可以很好地转

移孩子的注意力。她抓住了孩子的想法,并提出一些无害的表达方式:

"你想怎么生妹妹的气就怎么生气吧。"
"你可能会大发雷霆。你心里可能恨她,但不能伤害她。"
"如果你想,你可以朝这棵树扔石头。"
"如果你愿意,你可以告诉我或者表现出你有多生气。"

限制应该用不会挑战孩子自尊的语言来表达。简洁和客观地陈述时,限制会得到更好的遵从。"上学的晚上不能看电影"比"你知道你不能在上学的晚上去看电影"更不容易引起不满。"该睡觉了"比"你还小,不能睡那么晚"更容易被接受。"今天看电视的时间结束了"比"你今天看电视看得够多了,把电视机关了吧"效果更好。"不要互相喊叫"比"你最好别对他大喊大叫"更能让人心甘情愿地服从。

指出物体的功能时,限制让人更愿意接受。"椅子是用来坐的,不是用来站的"比"不要站在椅子上"好,"积木是用来玩的,不是用来扔的"比"不要扔积木"或者"对不起,我不能让你扔积木,这太危险了"要好。

● 孩子的精力需要健康的发泄出口

许多幼儿管教问题都是由于对体育活动的限制而产生的。例如:

"别跑——你就不能像正常孩子那样走路吗?"

"不要乱蹦乱跳。"

"坐直了。"

"既然你知道自己有两只脚,为什么一定要用一只脚站立呢?"

"你会摔断一条腿的。"

儿童的活动不应受到过度限制。为了身心健康,孩子需要跑、跳、爬、蹦跳等。担心家具的状况是可以理解的,但不能因此忽略对孩子健康的关注。对幼儿身体活动的抑制会导致情绪紧张,这种紧张可能表现为攻击性。

安排合适的环境,在肌肉活动中直接释放能量,这是孩子良好自律和父母生活更轻松的一个主要的条件——但经常被忽视。孩子们需要活泼的游戏,孩子们进行体育活动的机会很多:打球、跳绳、跑步、游泳、滑冰、打棒球、练体操、滑轮滑、骑自行车。学校越来越意识到孩子们参加体育活动的必要性,因此在校内和课外提供了有组织的体育活动,并开设了正规的体育课程。

● 果断地实施管教

父母对禁止做某事的态度非常明确,而且采取的措辞也不伤人时,孩子通常会顺从。然而,孩子会时不时地打破规则。问题是,孩子违反规定时,该怎么办?教育过程中,要求父母坚持扮演和蔼但坚定的大人的角色。孩子违反规定时,父母不应与他争论,也不应喋喋不休。父母不应被卷入关于禁令是否公平的讨论中,父母也不应该对此做出长时间的解释。除了说"人不是用来伤害的",没有必要向孩子解释为什么不能打妹妹,或者除了说"窗玻璃不是用来打碎的"，没有必要向孩子解释为什么不能打碎窗玻璃。

违反禁令时，孩子的焦虑就会加剧，因为预料要受到报复和惩罚。父母没有必要在这个时候增加孩子的焦虑。如果父母说得太多，他们表现出的就会是软弱——在必须表现出力量的时候。正是在这种时候，孩子需要一个成人盟友来帮助控制冲动，而又不失面子。下面的例子说明了无用的禁止方法：

母亲：我看不听到我大声喊你是不会满意的。好吧。（大声尖叫）停下来——否则你会后悔的！再扔一个东西，我就采取严厉手段了！

这位母亲本来可以不用威胁或者许诺，而是更有效地表达她的愤怒：

"看到这种情况，我都要气疯了！"
"气死我了！"
"我非常生气！"
"这些东西不是用来扔的！球才是用来扔的！"

实施管教时，父母必须小心，不要挑起意志的较量。下面这个例子中，5岁的玛格丽特和父亲在游乐场里度过了愉快的下午：

玛格丽特（在游乐场）：我喜欢这里。我不想回家。我要再玩一个小时。

父亲：你说你想，但是我说你不能再玩了。

这样的说法可能会导致两个结果——孩子失败或父亲失败，这两种结果都是不可取的。更好的方法是关注孩子留在游乐场上的愿望，而不是她威胁要反抗权威。例如，父亲可以说："我看得出来你喜欢这里。我想你希望能待更长时间，甚至十个小时。但现在该回家了。"

如果一两分钟后，玛格丽特仍然坚持不走，父亲可以牵着她的手，或者把她抱起来，带她离开游乐场。对年幼的孩子来说，行动往往胜于雄辩。

● 父母不是用来打的

永远不应该允许孩子打父母，这种身体攻击对孩子和父母都有害。这会让孩子们感到焦虑，害怕被报复，让父母感到愤怒、讨厌。必须禁止打人，以避免孩子产生内疚和焦虑，并使父母在情感上对孩子保持友好。

不时会看到一些父母自降身份的场景。比如说，父母为了避免被踢到胫骨，向孩子暗示，他可以打自己的手。"你可以轻轻打我一下，但不能真伤害我。"一位30岁的母亲恳求4岁的孩子道，并向他伸出手臂。这让人很想出面干预，说："不能这么做，女士。让孩子打父母对孩子是有害的。"母亲应该立即制止孩子的攻击："不可以打人。我不会让你这么做的。"或者说："如果你生气了，就用语言告诉我。"

禁止打父母的规定在任何情况下都不能修改。有效的养育是基于父母和孩子之间的相互尊重，父母不要放弃大人角色。告诉孩子

"可以打，但不能伤害"，母亲是在要求孩子做过于精细的区分。孩子受到了不可抗拒的挑战——去检验这个禁令，并找出嬉戏打闹和严重伤害之间的区别。

● 孩子不是用来打的

打屁股虽然名声不好，但仍有一些父母这样做，通常是在抚养孩子时，比较传统的威胁和讲道理的武器不奏效后，作为最后的手段使用。通常情况下，不是计划好的，而是在父母忍无可忍时爆发的愤怒中发生的。当时，打屁股似乎奏效了：缓解了父母压抑已久的紧张情绪，让孩子至少在一段时间内乖乖听话。而且，就像一些家长说的，"这样可以以正视听。"

如果打屁股这么有效，为什么我们会对此感到如此不安？不知何故，我们无法消除内心对体罚的长期影响的怀疑。我们对使用武力感到有点儿尴尬，不断对自己说："应该有更好的方法来解决问题。"

脾气上来，打了孩子怎么办？大多数父母有时会这样做。一位母亲说："有时候我对儿子非常生气，觉得自己要杀了他。在杀掉他和揍他一顿之间选择，我会揍他。冷静下来，我告诉儿子：'我不是圣人。我只能忍到这儿了。我想打你，但这不符合我的价值观。被逼到忍无可忍的边缘时，我就会做不喜欢的事情。所以不要逼我。'"

打孩子应该和车祸一样不可接受。然而，车祸确实会发生。但是拥有驾驶执照并不意味着提前允许发生车祸，它没有说"你肯定会出车祸，所以不用小心驾驶"。相反，我们被告诫要小心驾驶。打孩子也不应该成为管教孩子的规定方法，即使并不总是可以避免偶尔打孩子。

抚养孩子的过程中,永远忍住不打他们几乎是不可能的,但我们不必为此专门计划。我们不应该把体罚视为对孩子挑衅或自己愤怒的回应。为什么呢?因为它带来的教训。它教会孩子用不可取的方法处理挫折。它戏剧性地告诉孩子:"生气或恼怒时,不要寻求解决方案。打就行了。父母就是这样做的。"我们没有通过为野蛮的情绪寻找文明的发泄途径来展示我们的智慧,而是不仅让孩子尝到野蛮的味道,而且允许他们打人。

大多数父母看到大孩子打弟弟妹妹时都会感到生气。他们没有意识到自己打年幼的孩子,就是允许大孩子打弟弟妹妹。

6英尺[1]高的父亲看到8岁的儿子打了4岁的妹妹。他被激怒了,开始打儿子的屁股,同时告诫他:"这会教会你不要打比你小的人。"一天晚上,7岁的吉尔和父亲在看电视。吉尔吮吸着手指,发出烦人的声音。她的父亲很生气,说:"请停下来。我觉得你的吮吸声很烦人。"但吉尔一切照旧,父亲重复了他的要求。尽管如此,吉尔依然没停下。第四次之后,他勃然大怒,打了吉尔。吉尔哭了起来,打了她的父亲。这让她的父亲更加愤怒:"你怎么敢打爸爸!"他喊道。"马上回你的房间。"她拒绝了,他把她抱上楼。她继续哭,电视开着,没有人看。

吉尔不明白为什么一个大男人可以打一个小女孩,而禁止她打比她大的人。这件事给她留下了深刻印象,那就是你只能打比你小的人,然后逍遥法外。

---

[1] 英尺:英美制长度单位,1英尺等于12英寸,合0.3048米。

吉尔的父亲本可以用一种比打人更有效的方式来赢得女儿的合作。比起等到他再也无法控制自己的愤怒，他可以对女儿说："吉尔，你有两个选择：你可以留在这里，但不再吮吸手指，或者你可以离开这里，继续享受吮吸手指的乐趣。你自己选吧。"

体罚最严重的副作用之一是可能会对培养孩子的良知产生干扰。挨打太容易减轻内疚感：孩子觉得已经为不当行为付出了代价，就可以随便重复不当行为。孩子对不当行为形成了一种所谓记账法：它允许孩子有不良行为，并且通过在账本的一侧记下债务，来按周或按月分期偿还。每隔一段时间，他们就会怂恿父母打自己。有时候，他们只是为了要求得到惩罚或自我惩罚。

4岁的玛西被带去咨询——她在睡梦中扯头发。她的母亲透露，对女儿生气时，会威胁说："我被你气死了，恨不得把你的头发都拔光。"玛西一定觉得自己已经坏到了应该受到如此残酷的惩罚的地步，于是在睡梦中满足了母亲的要求。

要求得到惩罚的孩子需要有人来帮他解决内疚和愤怒，而不是顺从他的要求。这不是一件容易的事：某些情况下，公开讨论错误行为可以减少内疚和愤怒。孩子学会用更好的方式来表达内疚和愤怒，父母学会用更好的方式来设置和执行禁令，体罚的必要性就会减少。

对孩子的各种情绪表示同情和理解，可以让孩子情商更高。在尊重的基础上对不可接受的行为设定和实施限制，可以让孩子学会遵守社交规则。

第六章

积极育儿：孩子生命中的一天

文明让父母扮演了唱反调的角色，他们必须对孩子的许多乐趣说"不"：不要吮吸拇指，不要触摸阴茎，不要挖鼻孔，不要在泥土中玩耍，不要制造噪声。对婴儿来说，文明是冷漠而残酷的：它提供的不是柔软的乳房，而是坚硬的杯子；它提供的不是即时的轻松和温暖的尿布，而是冰冷的马桶和自我约束的要求。

想要孩子成长为一个社会人，一些限制就不可避免。然而，父母不应该过度发挥他们作为文明警察的作用，以免招致本可以避免的怨恨、抵抗和敌意。

良好的开端

每天早上叫醒学龄儿童的不应该是父母。孩子们讨厌父母打扰他们的睡眠、扰乱他们的美梦。他们害怕父母走进他们的房间,扯下他们的毯子,兴高采烈地唱着"起床吧"。如果孩子被闹钟吵醒,而不是被"闹铃妈妈"或"闹铃爸爸"吵醒,对所有人来说都会更好。

8岁的艾米丽早上起床很难。她每天都想在床上多待几分钟。她的母亲有时甜言蜜语,有时没好气,但艾米丽总是"坚持不懈":起床慢,闷闷不乐地吃早餐,上学迟到。每天的争吵使她的母亲又累又怨。

这位母亲给了女儿一件意想不到的礼物——闹钟后,情况得到显著改善。艾米丽在礼物盒中发现了一张字条:"致艾米丽,你不喜欢别人一大早就把你叫醒,现在你可以自己当家作主了。爱你的妈妈。"艾米丽又惊又喜。她说:"你怎么知道我不喜欢别人叫我起床?"妈妈笑着说:"我想通了。"第二天早上闹钟响的时候,妈妈对艾米丽说:"这么早,亲爱的。你为什么不再多睡几分钟呢?"艾米丽跳下床,说:"不行,我上学要迟到了。"

不容易叫醒的孩子,不应该被说成懒惰;不能一起床就立刻开开心心的孩子,也不应该被贴上脾气暴躁的标签。不要嘲笑早上睡眼蒙眬的孩子,与其和他们较量,不如让他们再享受十分钟的黄金睡眠或白日梦,这可以通过把闹钟设置成响得早一点儿来实现。我们的话应该体现出同情和理解:

"早起很不容易。"
"躺在床上做梦真让人高兴。"
"再睡五分钟吧。"

这些话使早晨的气氛轻松活跃起来,创造了一种温暖亲密的氛围。相比之下,以下愤怒或轻蔑的言论会引发暴风骤雨:

"起床,懒虫!"
"马上给我从床上下来!"
"天哪,你真是个瞌睡虫。"

或者关心他们的健康:"你为什么还在床上?生病了吗?哪里疼吗?肚子疼吗?头痛吗?让我看看你的舌头。"所有这些都向孩子暗示,得到温柔照顾的方法就是生病。孩子也可能认为,如果否认自己患有父母慷慨列出的任何疾病,父母就会感到失望。孩子可能会认为不得不假装自己生病了。

时间专制：
忙碌时段

越是催促孩子，他们越会慢慢腾腾。大多数时候，他们会放慢速度，来抗拒成年人的"快一点儿啊！"的催促。效率低下，实际上是孩子对抗时间专制的有效武器，因为这些时间表本不属于他们自己。

不应该催促孩子。相反，应该列出具体的时间期限，让他们去挑战能否准时完成：

"校车十分钟后到。"

"电影 1 点开始。现在 12∶30 了。"

"7 点吃晚饭。现在 6∶30 了。"

"你的朋友 15 分钟后到。"

长话短说的目的是向孩子们传达，我们期望他们会守时，守时是理所当然的。有时积极的前景会有所帮助。例如，我们可以说："做好上学准备，你就可以在上学之前的时间看一会儿动画片。"

早餐：
吃饭时不说教

早餐时间不是教孩子人生哲学、道德原则或礼貌礼节的好时机。对父母来说，这个时间最好只用来准备营养餐，同时帮助孩子按时出门上学。

总的来说，一天中，早餐是比较费力的。通常，父母或孩子昏昏欲睡、脾气暴躁，争吵很容易演变成互相指责，就像下面这个例子：

黛比（在冰箱里翻找，丢开一样又一样食物）：早餐吃什么？这个家里从来没有吃的东西，你从来不给我买我喜欢的东西！

母亲（沮丧地反驳）：你说我从来不给你买你喜欢的东西是什么意思？你喜欢的东西我都买给你——是你决定不了吃什么。现在我要你坐下来吃你面前的东西，然后你就可以去上学了！

黛比的行为使她母亲很生气。作为反击，她让女儿更加愤怒。每个人都带着不好的心情去上班、上学。

重要的是不要让孩子决定父母的反应或情绪。比起反击，黛比的母亲本可以对女儿的抱怨表示理解，从而度过一个愉快的早晨。

母亲：今天早上你好像没有找到想吃的东西。
黛比：是的，没有我想吃的。我不是特别饿，吃个香蕉就行。

另一位母亲表示："过去，一件小事就会对我和孩子造成创伤。众所周知，小题大做会聚沙成塔。但现在我学会了理解孩子的意思，并以同情的态度回应他们，就像几天前我在早餐桌上所做的那样，当时我5岁的女儿雷蒙娜拒绝吃早餐并抱怨不休。"

雷蒙娜：我的牙齿很累。下面的牙想瞌睡。

母亲没有嘲笑她，而是对她的抱怨表示理解。

母亲：哦，你下面那排牙齿还没醒来。
雷蒙娜：没有。这颗牙在做噩梦。
母亲：让我看看。哦，亲爱的，这颗牙松动了。
雷蒙娜：它会不会掉进我的麦片里？

母亲安慰女儿她的牙齿没有那么松后，雷蒙娜提起精神，拿起勺子开始吃麦片。

保罗的父亲分享了以下内容："我对任何不幸的第一反应都是过度反应，这会引发进一步的冲突。然后我试着扑灭我自己点燃的火,就像一个有着小聪明的人,知道如何走出有大智慧的人一开始就不会陷入的困境。最近,我决定学得睿智些,而不是精明。孩子陷入困境时,我不会责备他们,而是提供帮助。最近我就是那样做的。我儿子保罗10岁了,喜欢自己做早饭。一天早上,我听见他在厨房哭泣。他煮鸡蛋时,一个鸡蛋掉地上了。我没有大喊:'看看你干的好事!弄得一团糟!就不能小心点儿吗?'而是说:'你静悄悄地起床,给自己煮了这么漂亮的鸡蛋,可惜掉地上了一个。'"

保罗(温顺地):是的。

父亲:你饿了吧。

保罗(看起来很高兴):不过盘子里还有一个鸡蛋。

父亲:你吃这个,我再给你煮一个。

抱怨：
处理失望

孩子不断地抱怨，通常会使父母生气。为了不使愤怒升级，不因反驳或辩护而陷入争论，父母需要学会通过对孩子的抱怨表示理解来回应。例如：

塞尔玛：你从来不给我买任何东西。
母亲：你想让我给你买什么？（而不是说：上周我刚给你买了那些漂亮衣服，你怎么能说没有？你从来不感激我为你做的一切。这是你的问题！）

朱利安：你从来不带我去任何地方。
父亲：你想去哪里？（而不是说：最后你总是大吵大闹，怎么带你去？

扎克利：你总是迟到。
母亲：你不想等我。（而不是说：你从来没迟到过吗？你不记得我等你的时候？）

杰斯卡：你不在乎我怎么了。

父亲：当你需要我的时候，我就在那里。（而不是说：为了让你高兴，我做出了多少牺牲，你怎么能那么说？）

"从不"和"总是"是孩子们最喜欢说的话，他们生活在极端的世界。但是，如果父母知道灰色比黑色和白色更常见，在教育孩子时就可以克制自己不使用这些表达。

衣着：
鞋带之战

在一些家庭里，父母和孩子每天都在为系鞋带而较量。一位父亲说："看到儿子没系鞋带，我非常生气。我想知道是应该强迫他系鞋带，还是让他拖着鞋带到处走。虽然他可能很快乐，但我们不应该教他负责任吗？"最好不要把关于责任感的教育和系鞋带绑在一起；为了避免争吵，最好给孩子买一双无带的运动鞋，或者给孩子系鞋带而不加评论。可以放心的是，孩子迟早能学会系鞋带，除非他的同龄人不这么做。

孩子不应该穿着最昂贵的衣服去上学，他们不应该担心衣服的整洁，孩子奔跑、跳跃或打球的自由比外表的整洁更重要。孩子穿着脏衬衫从学校回来，家长可能会说："你看起来忙了一天。如果你想换衣服，衣柜里还有一件。"告诉孩子她有多邋遢，她看起来有多脏，我们多厌倦洗熨她的衬衫，都无济于事。比较现实的方法是不指望孩子有能力把清洁看得比玩耍重要。相反，要承认孩子的衣服不会长时间保持干净这一事实。十几件便宜的免熨衬衫比十几次关于清洁的说教更有助于心理健康。

出门上学：
帮助比呵斥更有用

可以预料，在早晨的匆忙中，孩子可能会忘记拿书、眼镜、午餐盒或午饭钱。最好是把忘拿的东西交给孩子，不要再加上任何关于健忘和不负责任的说教。

"这是你的眼镜"要比对孩子说"我能不能活着看到你记得戴眼镜那一天"更有用，"这是你的午饭钱"要比讽刺性的说法"你用什么买午饭"更容易让孩子接受。

孩子上学之前，不要给他一堆告诫或警告。作为临别语，"祝你度过愉快的一天"比"不要惹麻烦"的警告更好。对孩子来说，"两点见"比"放学后不要在街上闲逛"更有用。

放学回家：
温暖的拥抱

孩子放学回家后，最好有一位家长或其他大人在家迎接他们。与其问一些老掉牙的问题——"学校怎么样？""还好吧。""你今天做了什么？""什么都没做。"——不如发表一些评论，表达对孩子在学校经历的考验和磨难的理解。

"你看起来好像今天很辛苦。"
"我打赌你一定迫不及待地想放学。"
"你好像很高兴回家。"

大部分情况下，做出评论比问问题更受欢迎。

随着大量单亲家庭的出现或母亲外出工作，许多孩子的父母无法在家亲自迎接他们。但是，留下一封充满爱意的书信或电子邮件，可以减轻父母缺席的影响。一些学龄儿童的父母用书信和字条来加深与孩子的感情，通过文字，他们更容易表达感激和爱。有些家长会用录音机或录像带留言，孩子可以一遍又一遍地听父母的话。这些话有助于父母与子女之间进行有意义的交流，并减少孩子放学回到空荡荡的家中时的孤独感。

下班归来：
一天结束时的再次沟通

父母晚上下班回到家，需要在社会的需求和家庭的需求之间平稳过渡。无论是母亲还是父亲，都不应该在门口接收连珠炮似的抱怨和需求，或者铺天盖地的要求和指责。一段"不问问题"的时间有助于营造一片宁静的绿洲，大大提高家庭生活质量。从幼儿时期开始，孩子就需要知道，忙碌的父母下班回家需要短暂的平静和安慰。晚餐时间应该是用来交谈的，应该少强调食物，多强调精神食粮；少评论孩子吃什么、怎么吃，少讲规矩行为，多讲一些传统的交流方法。

有些父母轮流带其中一个孩子去孩子自己选择的餐厅，享受一对一的私人时间。孩子得到母亲或父亲的全部注意力，可以在吃汉堡或比萨时，与父母分享他们的忧虑。

就寝时间：
战争还是和平

在许多家庭中，就寝时间是混乱的，孩子和父母相互挫败。孩子尽可能晚睡，而父母则希望他们尽快入睡。晚上成了父母唠叨的黄金时间，也成了孩子战术规避的黄金时间。

学龄前的孩子需要母亲或父亲帮他们掖好被子。可以利用就寝时间与每个孩子进行亲密交谈，这样，孩子就会期待就寝时间。他们喜欢与父母"单独相处"，如果父母耐心倾听，孩子就能学会分享他的恐惧、希望和愿望。这些亲密的接触减轻了孩子的焦虑，使他们愉快入眠。

有些大一点儿的孩子也喜欢被掖好被子。他们的意愿应该得到尊重和满足，不应该嘲笑或批评他们想要父母眼中的"婴儿待遇"。大孩子的就寝时间应该比较灵活："就寝时间是八点到九点（或九点到十点）。你自己决定几点睡觉。"时间范围由家长决定。在那个范围内的具体时间由孩子决定。

孩子声称"忘了"去卫生间，或想要一杯水时，最好不要卷入争吵。然而，应该告知不停地把父母叫回房间的孩子："我知道你希望我能和你多待一会儿。但现在该爸爸妈妈待在一起了。"或者："如果我能陪你多待一会儿就好了，但现在我准备睡觉了。"

父母特权：
无须娱乐许可证

在一些家庭中，孩子对父母的行为拥有否决权。父母必须得到几个孩子的许可才能在外度过一个晚上。一些父母因为担心家里发生争吵，所以不愿去看电影或去剧院。

父母如何生活不需要孩子的许可或同意。如果孩子因为父母晚上外出而哭泣，不必谴责这种恐惧，但也无须满足他的愿望。可以理解和同情孩子不想和保姆留在家里的想法，但没有必要从孩子那里购买娱乐许可证。我们可以同情地对哭泣的孩子说："我知道你希望我们今晚不出去。有时候我们不在你会害怕。你希望我们留下来陪你，可今晚我和妈妈要去看电影（或和朋友聚会、吃晚饭、跳舞）。"

可以忽略孩子的反对、恳求或威胁，我们应该坚定而友好地回答："你希望我能和你在一起，但现在我该出去了。"

电视：
色情和暴力

不评估电视对价值观和行为的影响，任何关于孩子生活的讨论都是不完整的。孩子们喜欢看电视和在电脑上玩游戏，许多人更喜欢这些活动，而不是看书、听音乐或交谈。

对广告商来说，孩子是完美的受众：他们易受暗示，相信广告。他们以惊人的能力学会了"愚蠢"的广告词，并且非常喜欢用"愚蠢"的口号来纠缠父母。他们对节目的要求很低：不需要原创，也不需要美工，毛茸茸的或者塑料的玩具就能引起他们的兴趣。因此，一小时又一小时，一天又一天，孩子们终日面对着暴力和谋杀，夹杂着广告词。

父母对电视有两种看法：电视让孩子们有事可做，不惹麻烦，这方面让他们喜欢；但他们又担心电视可能会对孩子造成伤害。

低劣的电视节目宣扬暴力，淡化人际关系，支持刻板印象，破坏亲社会性行为。此外，电视占据了孩子一天中相当大的一部分时间，孩子花在电视上的时间比花在父母身上的时间还多。即使色情和残忍的场面只不过是单纯的娱乐，但确实妨碍了孩子们从事更有建设性的活动。正如著名心理学家所观察到的那样，人们在看电视时根本没有所谓"心流"[1]。成长的最佳条件是"一个人的技能完全投入于攻克将将可以完成的挑战"（契克森米哈赖[2]）。对孩子们来说，这可能意味着写诗或短篇小说，用黏土制作雕塑，或用积木建造城堡。这可能需要与兄弟姐妹一起打闹，或者与朋友一起冒险。成长和满足感来自专注的努力，而不是愚蠢的看电视。

在有的家庭里，孩子每天只能看一个小时的电视。在其他家庭中，孩子可以在父母批准下选择特定的时间和节目。这些父母认为，电视和药物一样，必须在规定的时间按正确的剂量服用。

两位杰出的儿科医生提出了一个具体的建议："三岁之前，每天看电视的时间不应超过半小时。三岁之后，在父母陪伴下可以多看半小时电视或电脑。"（布拉泽顿[3]和格林斯潘[4]）

越来越多的家长认为，不能完全由孩子来选择节目。他们不愿意让有问题的人物在自己家里影响孩子。那些不想让自己的孩子每天接触肮脏的色情和生动的暴力的父母可以在电视机和电脑上安装一个"家长监控系统"。虽然不需要保护儿童免受所有悲剧的影响，但应该保护他们免受娱乐节目的影响，在这些娱乐节目中，人类的

---

[1] 心流：又称福流，是指当个体进行一项任务时，注意力高度集中在任务上，对任务之外的环境和时间的感知变弱，同时内心会有很大的充实感、兴奋性。常见的易于产生心流的活动有棋类、绘画、攀岩、阅读、解谜游戏等。——译者注

[2] 米哈里·契克森米哈赖（Mihaly Csikszentmihalyi，1934—2021），匈牙利籍心理学家，积极心理学奠基人之一，"心流"理论、"精神熵"和"自成目标"的提出者。——译者注

[3] 贝利·布拉泽顿（T.Berry Brazelton），美国著名儿科医生，作家，世界儿童心理学泰斗。——译者注

[4] 斯坦利·格林斯潘（Stanley Greenspan），美国著名儿童心理学家。——译者注

暴行不是悲剧，而是惯例。

仅仅监督儿童使用媒体的时间和性质是不够的。父母可以通过健康的关系、快乐的游戏和令人满意的爱好，为孩子们打开学习、与人联结和奉献自我的大门。

第七章

嫉妒：可悲的传统

兄弟姐妹之间的嫉妒有着古老而悲惨的传统。《旧约》中记载的第一起谋杀案是该隐杀了他的弟弟亚伯。动机是手足之争。雅各只有离开家，躲在异乡，才得以逃过哥哥以扫的毒手。雅各的儿子们非常嫉妒弟弟约瑟，把他扔到了一个坑里，然后把他的死刑改为终身为奴，并把他卖给了沙漠中路过的商队。

关于嫉妒的本质和起源，《圣经》告诉我们，每一个案例中，嫉妒都是由于父母偏爱其中一个孩子引发的。上帝青睐亚伯的供奉，而不是该隐的，于是该隐杀了他的兄弟亚伯。以扫开始嫉妒，是因为母亲优待雅各，帮助雅各接受父亲的祝福。约瑟被哥哥们嫉妒，是因为他们的父亲最爱他，给了他一件"彩衣"；在他狂妄自大时，他们的父亲不管教他。

《圣经》中这些关于嫉妒和复仇的故事表明，嫉妒自古以来就是父母和孩子的问题。现在我们可以学会如何最大限度地减少孩子的嫉妒情绪。

不太受欢迎的事件：
仿佛是对兄弟姐妹的入侵

与父母相反，孩子们不会质疑家庭中存在嫉妒，他们早就知道嫉妒的意义和影响。无论做了多么充分的准备，新生儿的到来总会带来嫉妒和伤害。没有任何理由可以让首席女歌手优雅地与冉冉升起的新人分享聚光灯，嫉妒、羡慕和竞争将不可避免地存在。没有预见到这些，或者被它们的出现震惊，都是一种无知、不幸的表现。

第二个婴儿的出生对年幼的孩子来说是人生中的一大危机，他的人生轨迹突然发生了变化，需要在定向和导航方面得到帮助。为了帮助孩子，而不仅仅是感情用事，我们需要了解孩子的真实情感。

向年幼的孩子宣布这一喜事时，最好避免冗长的解释，不要带来错误的期望，比如："我们太爱你了，你太棒了，爸爸妈妈决定再要一个和你一样的孩子。你会爱这个新宝宝的。它也会是你的宝宝。你会为这个宝宝感到骄傲。永远有人可以和你一起玩。"

这个解释听起来既不诚实，也没有说服力。孩子得出这样的结论更合乎逻辑：如果他们真的爱我，就不会再要孩子了。我不够好，所以他们想换个新的。

如果有一天丈夫回家宣布："亲爱的，我太爱你了，你太棒了。

我决定再带一个女人来和我们一起住。她会帮你做家务，我上班时你就不会再孤独了。毕竟，我的爱对两个女人来说绰绰有余。"妻子会作何感想？我认为她不会为这样的安排欣喜若狂。她会想：为什么有我一个还不够，为什么他会认为自己期待与另一个女人分享他？更可能的是，她会感到嫉妒和不被疼爱。

和别人分享父母或配偶的爱是很痛苦的。根据孩子的经验，分享意味着得到更少，就像分享一个苹果或一块口香糖。分享父母的前景已经够令人担忧的了，我们还期望孩子会喜欢新来的孩子，这是不合逻辑的。随着母亲怀孕的进程，怀疑似乎更有道理。孩子注意到，即使婴儿还没有出生，它已经占据了父母。母亲不那么方便了，她可能卧病在床，或者累了要休息。焦虑的孩子甚至不能坐在她的腿上，因为它被一个隐藏的，但始终存在的入侵者占住了。父亲更多地与母亲在一起，很少有时间与孩子玩耍或参加其他活动。

新生儿进家门：
介绍入侵者

向年幼的孩子宣布婴儿的到来不需要大张旗鼓，只要说"我们家要生新宝宝了"就足够了。不管孩子的反应如何，我们都要知道，他们心中有许多问题没有问出来，也有许多担忧没有表达。幸运的是，作为父母，我们有能力帮助孩子度过这段危机时期。

没有什么能改变这个事实：新生儿对孩子的安全构成威胁。对长子来说，这也威胁到了他的独特性。对第一个孩子来说，这尤其痛苦，因为他的经历不包括分享父母。作为父母唯一的掌上明珠，新生儿的到来意味着他在伊甸园的幸福时光结束了，他不会太高兴的。

然而，孩子的性格是会因该危机造成的压力和紧张而变好还是扭曲，取决于我们的智慧和技巧。

下面的例子说明了应该怎样介绍孩子未来的弟弟妹妹才是有益的。

发现母亲怀孕时，5岁的弗吉尼亚非常高兴。她画了一幅与弟弟一起生活、充满阳光和玫瑰的画。母亲并不鼓励这种片面的人生观。相反，她说："有时他会很有趣，但有时他会惹麻烦。有时他会哭，让我们所有人都讨厌。他会弄湿婴儿床，把尿布弄得一团糟。我得给他洗澡、喂饭、照顾他,你可能会觉得被冷落了,你可能会感到嫉妒。你甚至可能对自己说:'妈妈不再爱我了——她爱宝宝。'如果你有这种感觉,一定要来告诉我,我会给你额外的爱,这样你就不用担心了。你会知道我爱你。"

有些家长不愿采用这种方法,他们害怕把危险的想法灌输给孩子。这些父母可以放心,这样的想法对孩子来说并不新鲜。我们的话表明我们理解孩子的情绪,使人免于内疚,并产生亲密感和交流。孩子一定会对新生儿感到愤怒和怨恨,最好是让孩子自由地向我们公开表达痛苦,而不是默默地忍受煎熬。

表达嫉妒：
说出来好过出症状

下面的事说明了一位母亲如何帮助3岁的儿子表达他对新生儿到来的不安情绪。

孩子预计三周后出生。有一天，乔丹突然大哭起来：

乔丹：我不想要新宝宝。我不想让你和爸爸和他玩，爱他。

母亲：你对新宝宝感到不安。你不想要新宝宝。

乔丹：对，我只想要爸爸、妈妈和乔丹。

母亲：一想到新宝宝你就不开心。

乔丹：对，他会把我的玩具都抢走。

母亲：你甚至有点儿害怕。

乔丹：是的。

母亲：你对自己说，爸爸妈妈不那么爱我了，没有很多时间照顾我了。

乔丹：对。

母亲：乔丹，记住，你是我们唯一的乔丹，这使你与众不同。我们对你的爱永远跟对别人的不一样。

乔丹：包括宝宝？

母亲：宝宝也没有办法把我们对乔丹的爱带走。宝贝，什么时候觉得不高兴了，生气了，来告诉妈妈，我会给你特别的爱。

孩子出生后，乔丹拧他，猛拉他的脚，对他非常粗暴，以此表达怨恨。母亲告诫他："宝宝不是用来伤害的，如果你愿意，可以给他画一张像，然后把画剪成碎片。"

孩子压抑嫉妒时，嫉妒会以伪装的方式出现，表现为各种症状和不当行为。因此，当孩子怨恨他们的弟弟妹妹，但被禁止表达自己的感受时，可能会梦见自己把弟弟妹妹从十楼推了下去。做梦的人可能会非常害怕，以至可能会尖叫着醒来。他们甚至可能跑到弟弟妹妹的床上检查他们是否还在那里，发现他们完好无损，他们可能会非常高兴，父母可能会把这种宽慰误认为爱。噩梦是孩子用图片讲述害怕、用语言讲述事情的方式，孩子最好用语言表达嫉妒和愤怒，而不是在可怕的梦中。

妹妹出生后不久，5岁的沃伦突然哮喘发作。父母认为沃伦非常爱妹妹，"他爱死了她"（也许"死了"描述得很恰当）。医生找不到沃伦哮喘的身体原因，把他介绍到一家心理健康诊所，在那里他可能学会了用语言而不是喘息来表达嫉妒和愤怒。有些孩子用咳嗽和皮疹来表达他们的嫉妒，而不是用语言。还有的症状像尿床一样，是用一个器官表达他们应该能够用另一个器官来表达的东西。有些孩子变得具有破坏性：打碎东西，而不是说出他们的怨恨。一些孩子咬指甲或拔头发，以掩饰他们想咬或者伤害弟弟妹妹。这些孩子都需要用语言表达自己的感受，而不是用各种症状。在帮助孩子释放情绪方面，父母处于关键地位。

嫉妒的多种面孔

为了安全起见，父母需要假设自己的孩子身上存在嫉妒，尽管未经训练的眼睛看不出来。嫉妒有很多种面孔、许多伪装：可能表现为不断竞争，也可能表现为避免所有竞争；可能表现为爱出风头，也可能表现为腼腆温顺；可能表现为不计后果的慷慨，也可能表现为无情的贪婪。未解决的童年对抗所结下的苦果，在成年后仍会随处可见，可能表现为非理性的竞争：与路上的每一辆汽车比赛，不能优雅地输掉一场网球比赛，或者总是准备用生命和财富来证明自己的观点，或者，即使付出的代价超过承受范围，也要比其他人贡献更多。也可以表现为回避所有竞争，没有开始抗争就感到会失败，总是准备退居二线，甚至不去维护合法权利。因此，兄弟姐妹之间的竞争对孩子生活的影响要比大多数父母意识到的大得多。它会给个性打上不可磨灭的烙印，扭曲性格。它可能会成为生活中麻烦的主旋律。

嫉妒的根源

嫉妒源于婴儿渴望成为父母唯一的"至爱"。这种渴望占有欲极强，不能容忍任何对手。弟弟妹妹到来后，孩子与他们争夺父母专属的爱。可能是公开竞争，也可能是暗地进行，这取决于父母对嫉妒的态度。有的父母对兄弟姐妹之间的竞争感到非常愤怒，任何明显的竞争迹象都会受到惩罚。为了避免引起嫉妒，有的父母低声下气。他们试图让孩子相信，所有人都能得到平等的爱，因此没有理由嫉妒。礼物、赞美、假期、恩惠、衣服和食物的衡量与发放都平等公正。然而，这两种方法都不能消除嫉妒，无论是相同的惩罚还是同样的赞美，都不能浇灭对排他的爱的渴望。这样的欲望永远无法实现，所以嫉妒就永远无法完全避免。然而，嫉妒之火是安全地忽隐忽现，还是危险地熊熊燃烧，取决于我们的态度和行为。

应对嫉妒：关键是言语和态度

正常情况下，年龄和性别的差异可能会引起兄弟姐妹之间的嫉妒。羡慕哥哥，因为他有更多的特权和更大的独立性；嫉妒婴儿，因为她受到了更多保护。女孩羡慕兄弟，因为他似乎有更大的自由；男孩羡慕姐妹，因为她似乎受到特别的关注。父母出于自身需要，优先重视性别差异时，危险就会产生。

就像这个故事一样，父母把大量的爱和礼物倾注在孩子身上，受到偏爱的孩子往往会成为受害者。生了几个男孩后，父母不仅明显地偏爱期待已久的女孩，还坚持认为哥哥们应该承担照顾妹妹的责任。男孩们指责妹妹享有特权，而不是指责父母偏袒她，这让她的生活变得很糟糕。不幸的是，哥哥们的嫉妒未有效解决，不仅危害了他们的童年，而且使他们在成年后丧失了亲密的兄妹关系。

父母更偏心无知的婴儿而不是更独立的6岁孩子，或者相反，嫉妒就会加剧。如果孩子因为性别、长相、智力、音乐能力或社交技能而被过于重视，情况也是如此。优越的天赋可能会引起嫉妒，但正是父母对一种特质或天赋的过度重视导致了孩子之间的无情竞争。

不是建议对年龄较大和年龄较小的孩子一视同仁,相反,增长的年龄应该带来新的特权和新的责任。显然,与年幼的孩子相比,年龄较大的孩子有更多的零花钱、更晚的就寝时间,以及更多自由与朋友待在一起。这些特权是公开地、体面地得到的,这样所有的孩子都会期待长大。

小孩子可能会羡慕大孩子的特权。我们可以帮助孩子克制情绪,不是通过解释事实,而是通过理解情绪:

"你希望自己也能晚点儿睡。"

"你希望自己再大一点儿。"

"你希望自己不是6岁,而是9岁。"

"我知道,但你的就寝时间是现在。"

父母也可能无意中要求一个孩子为另一个孩子做出牺牲,从而引发嫉妒:"宝宝需要你的婴儿床。""对不起。今年不能给你买新溜冰鞋。有了宝宝,我们需要额外的钱。"

这样做的危险之处在于,孩子可能会感到不仅被剥夺了财产,还被剥夺了爱。因此,这种需求应该用关爱和赞赏来缓解。

同情的话语：
摆脱嫉妒

非常小的孩子表达嫉妒的方式往往直截了当：询问婴儿是不是死了，建议将"它"送回医院或扔进垃圾桶。更有魄力的少年甚至可能采取行动对抗入侵。他们可能会无情地骚扰小孩子：像蟒蛇一样紧紧搂着小孩子，或许还会在任何可能的时候对小孩子推搡、拳打脚踢。极端情况下，嫉妒的哥哥姐姐会造成难以挽回的伤害。

作为父母，我们不能允许孩子欺负他的弟弟妹妹。无论是肢体攻击还是言语攻击，都必须制止，因为这对受害者和欺凌者都会造成伤害。两个孩子都需要我们的力量和关怀。幸运的是，为了保护年幼孩子的身体安全，我们不需要攻击年长孩子的情感安全。

发现3岁的孩子骚扰婴儿时，应该立即制止，并公开说明其动机：

"你不喜欢宝宝。"

"你生他的气。"

"告诉我你在生气，我一直都在关注你。"

应该递给孩子一个大娃娃或者纸和记号笔，孩子可能会教训娃娃或画一些表示愤怒的线条。我们不建议孩子该怎么做，我们的角色是用中立的眼光去观察,用同情的话语去回应。我们不会被凶猛的情绪震惊,情绪是诚实的,攻击是无害的。将愤怒象征性地发泄在无生命的物体上,而不是直接发泄在活生生的婴儿身上或症状性地发泄在自己身上,会好得多。我们的评论应该简短:

"你向我展示了你有多生气。"
"现在妈妈知道了。"
"你生气的时候要告诉我。"

比起惩罚或侮辱,这种方法更有助于减少嫉妒。相比之下,以下方法毫无帮助。4岁的儿子沃尔特拖着小弟弟的脚,被母亲抓住了,她勃然大怒:"你怎么了?你想杀了他?你想杀死自己的兄弟?难道你不知道这样会让他终身残疾吗?你想让他残疾吗?我告诉你多少次了,不要把他从婴儿床上抱出来!不要碰他,永远不要碰他!"这样的反应会加剧沃尔特的怨恨。那怎么说会有帮助呢?递给他一个玩具娃娃:"婴儿不是用来伤害的。宝贝,这是你的娃娃。你想怎么拖就怎么拖。"

年龄较大的孩子应该面对他们的嫉妒情绪,可以跟他们进行公开交谈:

"很容易看出来,你不喜欢这个孩子。"
"你希望他不在这儿。"
"你希望你是唯一的孩子。"
"你希望我完全属于你。"

"看见我关心她,你就生气。"

"你要我和你在一起。"

"你很生气,打了孩子一拳。我不能让你伤害她,但是如果你觉得被冷落了,可以告诉我。"

"你感到孤单的时候,我会腾出更多的时间给你,这样你的内心就不会感到孤单。"

质量还是平等：
爱是独特的，而非均等的

想要绝对公平地对待每一个孩子，最后往往是对所有的孩子大发脾气。没有什么比衡量公平更容易弄巧成拙的了。如果因为害怕惹恼另一个孩子，母亲不敢给一个孩子大一点儿的苹果或者更有力的拥抱，生活就会变得无法进行。不管是情感上还是物质上，精心计算的给予，都会让人精疲力竭、恼怒不堪。孩子不渴望平等的爱：他们想要的是独一无二的爱，而不是千篇一律的爱。重点在于质量，而非平等。

我们不是以完全相同的方式来爱我们所有的孩子的，也没有必要假装如此。我们对每个孩子的爱都独一无二，没有必要劳心劳力去掩饰。我们越是谨防明显的偏爱，孩子就越容易发现不平等的对待。

不知不觉地，我们发现自己处于守势，而孩子们通通发出"不公平"的呐喊。

我们不要被孩子们的宣传欺骗，既不要辩解自己情有可原，也不要自称无罪，更不要反驳他们的指控。要抵制自我辩解或自我捍卫的诱惑，不要卷入关于我们的决定是否公平的无休止的争论中。最重要的是，不要为了公平而被迫定量分配我们的爱。

我们要向每个孩子表达关系的独特性，而不是公平性或平均性。花几分钟或几个小时和其中一个孩子在一起时,我们要全身心地和他在一起。在那段时间里,让男孩觉得自己是我们唯一的儿子,让女孩觉得自己是我们唯一的女儿。带一个孩子外出时,不要分心想其他孩子,不要谈论其他孩子或给他们买礼物。为了让这一时刻值得纪念,我们必须全神贯注。

孩子渴望我们全心全意的爱,这一点得到承认,他就会感到安心,这种愿望得到理解和同情,孩子就会得到安慰。孩子因其独特性受到重视,就会变得坚强有力。

离婚和再婚：
嫉妒的另一个竞技场

父母离异的孩子身上可能会出现另一种形式的嫉妒，与作为监护人的父亲或者母亲关系密切的孩子可能会产生这种嫉妒。一切似乎都进行得很顺利，直到这种亲密的关系受到了"入侵者"的威胁。此处，"入侵者"指对孩子的父亲或者母亲感兴趣的成年人。

父母中的一方离家后，孩子感到不安全是常有的事。他们的理由是："父母中的一方可以抛弃我，另一方也可以。"因此，他们非常关心在一起生活的父母。他们观察父母的一举一动，以确保他或她不会与另一个成年人建立恋爱关系。他们让父母很难去约会，在她或他打电话时发脾气，在约会对象来访时表现得尽可能令人讨厌。为了看住父母，他们甚至愿意放弃在外过夜。他们最不想做的事就是和一个陌生的成年人分享他们的父母。

父亲或者母亲该怎么办？

他们需要了解孩子的处境，对孩子的不安感同身受，并鼓励他们承认自己的感受，说出自己的担忧。

"这段时间对你来说很艰难。我要你再做一次调整。首先，你得习惯没有爸爸（或妈妈）和我们住在一起，只有你和我住在一起。现在你要重新安排你的生活，让一个不是爸爸（或妈妈）的陌生人加入进来。"

"你担心如果我恋爱了，我就不再爱你了。"

"你不希望任何人介入我们之间。"

"你在想我会不会离开你，跟这个人一起离开。"

"你希望除了你，我不需要任何人来爱我。"

"你不想和这个陌生人分享我。"

"你希望他离开，我们的生活还能像以前一样。"

父母的爱和理解可以减轻孩子的恐惧，帮助他们适应父母新的成人之间的爱情。

第八章

儿童焦虑的根源：提供情感安全

父母意识到，每个孩子都充满了恐惧和焦虑，然而，他们没有意识到这种焦虑的根源。父母经常问："我的孩子为什么这么害怕？"一位父亲甚至对焦虑的孩子说："别再胡说八道了。你知道没有什么好怕的！"

描述儿童焦虑的来源并提供一些应对焦虑的方法可能会对大家有所帮助。

因害怕被抛弃而产生的焦虑：
通过准备工作来给孩子安慰

孩子最大的恐惧是不再被父母爱和被父母抛弃。正如约翰·斯坦贝克在《伊甸园之东》中戏剧性地说的那样："孩子最大的恐惧是得不到爱，而被拒绝是令他害怕的地狱……伴随着被拒绝而来的是愤怒，伴随着愤怒而来的是复仇……一个孩子拒绝了他渴望的爱，踢了猫，隐藏了他内心的愧疚；另一个孩子偷窃——为了让钱给他带来爱；第三个孩子征服了世界——总是内疚、报复和更多的内疚。"

永远不应该用遗弃来威胁孩子。无论是开玩笑还是出于愤怒，都不应该警告孩子将被遗弃。在街上或超市里，人们无意中会听到愤怒的家长对磨蹭的孩子尖叫："如果你不马上来，我就把你扔在这里。"这样的话会引起孩子对被遗弃的潜在恐惧，会激起被孤零零抛弃在世间的幻想。孩子磨磨蹭蹭，家长无法容忍时，与其用言语威胁，不如用手把孩子拉走。

一些孩子放学回来后，如果父母或看护人不在家，就会感到害怕，他们被抛弃的隐忧瞬间被唤醒。如前所述，父母通过电子邮件、录音机、公告栏留下信息告知行踪是有帮助的。录音信息对小孩子特别有用，父母平静的声音和充满爱意的话语使他们能够承受暂时的离别，而不会过度焦虑。

当生活的潮流迫使我们与年幼的孩子分离时，分离之前必须做好准备。有些父母发现很难告诉孩子他们要去做手术、度假或履行社会义务。由于害怕孩子的反应，他们会趁晚上或孩子上学时偷偷溜出去，让亲戚或保姆解释情况。

一位3岁双胞胎的母亲不得不接受手术。家里的气氛紧张而不安，但她什么也没告诉孩子们。住院当天早上，这位母亲手里拿着购物袋，假装要去超市。她离开了家，三个星期没有回来。

这段时间里，孩子们萎靡不振。父亲的解释并不能使他们感到安慰，他们每晚都哭着入睡。白天，他们大部分时间待在窗前，为母亲担心。

如果孩子事先做好了分离的准备，会更容易承受分离的压力。有意义的准备需要的远不止一般的口头解释，它需要用孩子的母语——玩具和游戏——进行交流，这种语言更能打动孩子的心。

另一个例子中，进入医院的两周前，一位母亲告诉了3岁的女儿伊薇特这件悬而未决的事情。伊薇特没有表现出什么兴趣，但她的母亲并没有因此上当。她说："让我们玩'妈妈要去医院'的游戏。"她制作了一套玩偶（为这个场合买的或在孩子的帮助下制作的），上面画了家庭人物、医生和护士。母亲一边摆弄玩偶一边假装它们在说话："妈妈要去医院看病。妈妈不在家，伊薇特想：妈妈在哪里？妈妈在哪里？但是妈妈不在家。不在厨房，不在卧室，不在客厅。妈妈在医院里，看医生，看病。伊薇特哭了：我要妈妈，我要妈妈。但是妈妈在医院看病。妈妈爱伊薇特，妈妈想伊薇特，妈妈每天都想伊薇特。妈妈爱伊薇特，伊薇特也想妈妈。然后妈妈回家了，伊薇特很开心，抱抱、亲亲妈妈。"

这对母女一次又一次地玩分离和团聚的游戏。起初，大部分的话都是母亲说的，但很快伊薇特就开始主动了。她用合适的娃娃告诉医生和护士要好好照顾妈妈，让她康复，并尽快送她回家。

母亲离开之前，伊薇特让她再重复一遍这个游戏。伊薇特说了大部分台词，并在结束表演时安慰道："别担心，妈妈，你回来的时候我会在这里的。"

在离开之前，她的母亲还做了其他一些有益的安排：她让伊薇特认识了新保姆，在梳妆台上放了一张自己和伊薇特的大照片，并在录音带里录了伊薇特最喜欢的几个故事和表达爱的话，供她在睡觉前听。在不可避免的孤独时刻，母亲的照片和话语让伊薇特放心：妈妈的爱就在眼前。

内疚引起的焦虑：
少量却绵长

父母会有意无意地引起孩子的内疚。内疚，就像盐一样，是有用的生活调味品，但决不能做主菜。孩子违反社会或道德行为准则时，就会产生不满和内疚。然而，孩子被禁止有负面情绪或"讨厌"的想法，就不可避免地会产生严重的内疚和焦虑。

为了防止不必要的内疚，父母对待孩子的越轨行为应该像好的机械师对待抛锚的汽车一样。他并不会羞辱车的主人，只是指出需要修理的地方；他不会责怪汽车发出嘎嘎声或吱吱声，他用这些声音来诊断。他问自己：问题的根源可能是什么？

孩子们内心知道他们真的可以随心所欲地自由思考，而不会有失去父母的爱和认可的危险，这对他们来说是一种莫大的安慰。出现分歧时，以下的说法会有所帮助："你有这种感觉，我有那种感觉。我们对这个问题的感觉不同。""你认为你的观点似乎是正确的。我的观点不同，我尊重你的看法，但我有另一种看法。"父母可能会因为啰里啰唆，进行不必要的解释，而不知不觉地给孩子带来内疚。对有些父母来说尤其如此，他们认为即使问题很复杂，孩子也不成熟，也必须征得孩子同意。

5岁的扎卡里很生幼儿园老师的气，因为她已经因病请假两周了。老师回来的那天，他抓住她的帽子跑进院子。母亲和老师跟在他的后面。

  老师：帽子是我的，还给我。
  母亲：扎卡里，你很清楚那顶帽子不是你的。如果你不还帽子，玛尔塔小姐可能会感冒并再次生病。你知道她病了两个星期。嗯，扎卡里，你不希望老师再次生病。是吗？

  危险的是，这样的解释可能会让扎卡里感到自己对老师的疾病有责任，并产生内疚。长篇大论的解释既不相干又有害。那一刻需要做的就是拿回帽子。一顶帽子在手，胜过院子里的两种解释。
  也许稍后老师会和扎卡里讨论他对她缺席的愤怒，并找出更好的处理方法。

不信任或不耐烦引起的焦虑：
给孩子成长的空间

当孩子被阻止参与自己准备好的活动并承担责任时，内心会产生怨恨和愤怒。小孩子不会很快熟练掌握技能，他们需要很长时间来学习系鞋带、扣扣子、穿夹克、拧开罐子的盖子或转动门把手。能为他们提供的最好的帮助是耐心地等待，以及对任务难度轻描淡写地评论。"穿上夹克不容易。""那个罐子的盖子很难拧开。"

无论孩子的努力成功与否，这样的评论对孩子都有帮助。如果成功了，知道一件困难的家务活被克服了，孩子会感到满足。如果失败了，还有一个安慰，那就是父母知道这项任务很艰巨。无论哪种情况，孩子都会体验到同情和支持，从而使父母和孩子之间的关系更加亲密。任务失败并不一定会让孩子感到力不从心。至关重要的是，不能用成年人要求的效率支配孩子的生活，效率是孩子的敌人。就孩子的情感经济而言，这太昂贵了，它耗尽了孩子的资源，阻碍了孩子的成长，扼杀了孩子的兴趣，并可能导致情绪崩溃。孩子们需要有机会在没有催促或侮辱的情况下尝试、奋斗和学习。

父母之间的冲突引发的焦虑：
内战带来的恶果

父母吵架时，孩子们会感到焦虑和内疚——焦虑是因为他们的家受到威胁，内疚是因为他们在家庭矛盾中的实际角色或想象角色。不管是否合理，孩子们经常认为自己是家庭冲突的导火索。在父母发起的内战中，孩子不能保持中立，他们要么站在父亲一边，要么站在母亲一边，其后果对性格形成有害。父母被迫争夺孩子的感情时，经常使用贿赂、奉承和撒谎等手段，孩子在分裂的忠诚和持久的矛盾心理中长大。此外，保护父母一方免受另一方伤害，以及帮助父母一方对抗另一方，都在孩子的性格中留下了印记。从很小的时候起，他们就意识到自己对于竞争的双方而言价值过高，于是他们会给自己开出越来越高的价格。他们学会操纵、剥削、阴谋、勒索、暗中监视、说长道短，他们学会生活在正直是负担、诚实是阻碍的世界里。

父母可以通过冷静讨论来处理分歧，或者留到私人时间去处理。虽然让孩子知道父母之间存在需要协商的分歧是有帮助的，但让孩子看到父母互相攻击是没有好处的。

如果父母离婚，将孩子当作他们之间持续斗争的棋子，这种情况就会加剧。孩子经常被要求监视父母一方，被鼓励抱怨父母一方并表现出自己的偏好。孩子也被用作传递不愉快信息的渠道，这种情况下,孩子的生活肯定不会改善。通常,孩子不得不承担起成年人的角色,让父母放心,自己爱他们两个。

对父母离异的孩子来说,即便不遭受导致离婚的持续不愉快,生活也已经够麻烦了。他们需要感到放心——他们会得到父母双方的爱,不会卷入父母的争吵。父母离婚后,孩子也需要时间来哀悼失去安全的家,并适应新的现实。

生命终结带来的焦虑：
披着神秘面纱的谜

对成年人来说，死亡的悲剧在于它的不可逆性。死亡，一了百了，是所有希望的终结。因此，对个人来说，死亡是不可想象的，我们无法想象自己生命的终止、躯体的消散。自我由过去的记忆和未来的希望组成，没有未来，人就无法看到自己。信仰所带来的慰藉，恰恰属于这个领域。信仰为人们提供了未来，所以人们可以平静地面对生活和死亡。

如果说死亡对成年人来说是一个谜，那么对孩子来说则是披着神秘面纱的谜。年幼的孩子无法理解死亡是永恒的，无论是父母还是祈祷都无法将逝去的人带回来。面对死亡，神奇的魔法也无用，这对孩子来说是沉重的打击。这动摇了他们的信念，让他们感到软弱和焦虑，他们曾一厢情愿地认为自己拥有影响万物的力量。孩子们看到的是，尽管涕泪横流、奋力抗议，但心爱的宠物或人已经不在身边了，因此，他们感到被抛弃了，不再被爱。他们的恐惧反映在经常问父母的问题上："你死后，还会爱我吗？"

一些父母试图保护孩子免受失去所爱带来的痛苦和悲伤。如果金鱼或乌龟死了，他们赶紧换上新的，希望孩子不会注意到不同。如果猫或狗死了，他们会争先恐后地为悲伤的孩子提供更漂亮、更昂贵的替代品。这些突然失去和快速替换的早期经历能让孩子学到什么？他们可能会得出结论：失去所爱并不重要，爱很容易转移，忠诚很容易转变。

不应剥夺孩子（也包括成年人）悲伤和哀悼的权利，他们应该自由地为失去所爱感到悲伤。当孩子们能够为生命和爱情的终结哀叹时，他们的人性得到了深化，性格也得到了升华。基本前提是，不应排斥儿童分担家庭生活中不可避免的悲伤和快乐。死亡发生时，不告知孩子发生了什么，他仍然可能笼罩在无名的焦虑中。孩子也可能会用令人恐惧和困惑的解释来填补知识空白，他们可能会为失去亲人自责，感到不仅与死者分离，而且与生者分离。

帮助孩子面对死亡的第一步是让他们充分表达自己的恐惧、幻想和感受，安慰和慰藉来自与关爱的听众分享深沉的情感。父母也可能会用语言表达出孩子一定会有的感觉，但可能会发现难以准确表达。例如，孩子所依赖的祖母去世后，父母可能会说：

"你想奶奶了。"

"你很想念她。"

"你那么爱她。她也爱你。"

"你希望她和我们在一起。"

"你希望她还活着。"

"很难相信她死了。"

"很难相信她已经不在我们身边了。"

"你对她记得这么清楚。"

"你希望能再去看她。"

这样的说法能向孩子表明父母对他们的感受和想法感兴趣，并鼓励他们分享自己的恐惧和幻想。但他们可能想知道死亡会不会痛，死者会不会回来，他们和父母会不会死。答案应该简短而真实：人死亡时，身体不会感到疼痛；死者不会归来；所有人最终都会死去。

和孩子谈论死亡时，最好避免使用委婉语。一个4岁的女孩被告知祖父长眠了，她问他有没有带睡衣。她还害怕爷爷生气，因为她没有在爷爷睡觉前和他说晚安。一个5岁的男孩被告知"祖母上了天堂，成了天使"，他祈祷家里的其他人也能死去，成为天使。

伴随着深情的拥抱和充满爱意的眼神，简单而诚实地告知孩子事实，孩子会感到放心。在父母自己接受了生与死的现实时，这种方法最有效。在所有重要的事情上，态度胜于雄辩。

成长的道路并非一帆风顺，充满了令人不安的想法和感受，比如怀疑、内疚，尤其是焦虑。孩子们害怕被抛弃，被父母的冲突困扰，对死亡和死亡的过程感到困惑和担忧。父母无法消除孩子的所有焦虑，但表示理解孩子的担忧，并为他们应对令人不安和恐惧的事件做好准备，就可以帮助孩子更好地应对。

第九章

性与人的价值观：需谨慎对待的重要话题

许多父母不想知道孩子的性经历,青少年也不愿意与父母分享他们的亲密生活,尤其是当他们认为父母会不同意时。正如育儿小组中的一位母亲所说:"年轻的时候,我想独立于父母的道德判断,我做爱时没有内疚或悔恨。但现在我是一个十几岁女孩的母亲。从理智上讲,我可以接受她会发生性关系的想法,但我不想知道。我不想让她咨询我或与我分享。"

事实上,父母可能会难以接受孩子有性行为这种想法,他们可能会对孩子的性行为视而不见。

只有在信任和关爱的背景下,父母和孩子之间,特别是和青少年之间的沟通才是有效的。只有当年轻人觉得他们可以很容易地接近父母时,才会讨论对性的担忧。父母会倾听他们的观点,不会大喊大叫、批评指责或不屑一顾。13岁的塞尔玛说:"我不能问我母亲任何关于性的问题。如果我问了,她就会开始想我为什么问这些问题。她会问:'你为什么想知道?'" 12岁的朱丽叶说:"妈妈认为无知保证无罪。我问她关于性的任何事情,她都会生气。她通常回答说:'等长大了,你就会学到你需要知道的一切。'"

有的父母,大多数是十几岁的男孩的父母,对儿子的性体验感到开心,甚至鼓励他们。相反,还有一些人更愿意不被告知孩子的性行为，他们不知道该如何回应才不会让孩子感到内疚，或者不制止他们的婚前性行为。

下面的事件说明了查尔斯的父亲如何在最初的震惊之后避免了这种困境。查尔斯，在一所寄宿学校读完大三后回家。

> 查尔斯：我有一个棒极了的女朋友。
>
> 父亲：嗯。
>
> 查尔斯：我真的很喜欢她。我明天要去看她。
>
> 父亲：你要去约会。
>
> 查尔斯：我上周在学校见过她。她先和拉里约会，但我可以看出她喜欢我。真正喜欢上她之前，我就和她上床了。但现在我了解她。我很喜欢她。
>
> 父亲（被他不想听到的大量信息震惊了）：哦，查尔斯，你遇到了一个你真正喜欢的女孩。真令人兴奋！
>
> 查尔斯：上周我们一直在一起，现在我真的很喜欢她。我迫不及待地想再见到她。
>
> 父亲：听起来你在学校的最后一周真的很开心。我打赌你今年有许多新的经历。
>
> 查尔斯：是的，你不会相信我在音乐课上学到了多少。我确实感觉自己不一样了。上学让我成熟了。

查尔斯的父亲没有一本正经地说教，因为这可能会使儿子感到内疚，或以后不愿向父亲吐露秘密，而是专注于儿子对新出现的爱情的喜悦，并在这一过程中帮助他将自己视为一个成熟的人。

但有一些父母，特别是宗教人士，认为婚前性行为是一种罪恶。让孩子为哪怕是无辜的性兴趣感到内疚，是影响教育价值观的有效方式。

13岁的萨曼莎知道母亲对任何性行为的看法，请求母亲允许她举办一个她的朋友们会喜欢的初中毕业晚会。

　　萨曼莎：我能举办一个毕业晚会吗？
　　母亲：可以。
　　萨曼莎：你知道有的孩子在晚会上做什么？他们玩接吻游戏。
　　母亲：哦。
　　萨曼莎：你知道我的晚会上也可能会发生这种事，可以吗？不知道会不会发生？要是我说了算，就不会发生，但是有可能发生。你同意吗？
　　母亲：我想考虑一下。
　　萨曼莎：你知道《圣经》赞成性吗？
　　母亲：谁的？
　　萨曼莎：丈夫和妻子？
　　母亲：当然是，结了婚的人。
　　萨曼莎：晚会呢？你同意吗？
　　母亲：你怎么想的？
　　萨曼莎：我觉得你会说不行。对吗？
　　母亲：对。
　　萨曼莎：能告诉我为什么吗？我只是想知道原因。
　　母亲：我觉得像你这么大的男孩女孩太小了。接吻和做爱是结了婚的大人的事。

萨曼莎（咆哮地）：我就知道你会这么说。

萨曼莎的母亲错过了一个多么好的可以让女儿对刚刚萌芽的性兴趣感到放松的机会啊。她本可以对好奇的女儿说："可以看出你对理解浪漫关系很感兴趣，但我认为这个游戏不适合你这个年龄的人。让我们想想你和你的朋友们可能喜欢的其他东西。"然而，她让一个已经内疚的女孩增加了更多的内疚感。

父母自己的情感

性教育始于父母自己对性的态度,他们喜欢看到、闻到、触摸身体的感觉,还是他们认为自己有什么不愉快的地方?他们是喜欢彼此赤裸的样子,还是害羞地穿上衣服?他们对自己或伴侣的性行为有什么特别的厌恶吗?或者他们喜欢吗?他们认为对方不体贴、占有欲强,还是带来令人兴奋的快乐?

无论父母内心的感受是什么,他们都会传达给孩子,即使他们试图用言语掩盖这些感受。这就是很难准确地告诉父母该如何回答孩子关于性的问题的原因。必须首先承认他们自己在这方面的困惑,并改变他们的担忧和尴尬。

性感觉的开始

从出生起，婴儿就具备了感受身体快乐的能力，性态度就在形成过程中。只要肢体能够运动，婴儿就开始探索自己的身体，他们操纵四肢，喜欢被触摸、挠痒痒和拥抱。这种早期的触摸和抚摸是性教育的一部分，通过这些，他们学会了接受爱。

曾经有一段时期，母亲们被警告不要抱着孩子玩，以免他们被宠坏。即使在那时，这句警告对父母来说也没有意义，因为他们自己拥抱孩子的需求和愿望比任何规则都要强烈得多。现在我们知道，婴儿需要大量的温柔触摸和体贴地照顾，父母双方都需要满足这一需求。它让双方都产生快乐的体验，形成婴儿和父母之间的特殊纽带。母乳喂养婴儿的母亲会得到相互满意的体验，这增加了她们的快乐。

当孩子发现嘴巴能带来额外的快乐时，能移动的任何东西都会被放到嘴里：拇指、毯子、玩具。吮吸、咀嚼和撕咬，即使不可食用的物体也会给他们带来愉快的感觉。嘴巴的快乐不应制止，而应加以规范——必须确保放入嘴里的东西是卫生的。有些婴儿从饮食中获得所有的乐趣；有的需要额外吮吸，应该毫不犹豫地让他们去做。在出生的第一年，嘴巴是向孩子反映世界的主要镜子。让这个过程保持愉快吧。

性和如厕训练

生命的第二年，孩子们变得更加专注于排泄的乐趣。对他们来说，粪便在视觉、气味和触觉上都没有什么恶心的。父母引导他们养成文明的排泄习惯时，必须特别注意不要让他们对自己的身体及排泄物产生厌恶。严厉而草率的措施可能会让孩子们觉得身体及其所有功能都是令人恐惧的，而不是令人享受的。

没耐心的训练会弄巧成拙。一般儿童在两岁半到三岁之间就可以在白天控制排便，夜间控制则可能发生在三岁到四岁之间。当然，意外是意料之中的事，我们需要承认："哦，你这次没来得及去卫生间。你太忙了，忙着建塔。让我帮你清理一下。"

缺乏训练也会弄巧成拙。完全放任孩子自由排便，他们可能会持续很长一段时间弄湿、弄脏裤子。这对一些孩子来说可能是愉快的，但与此同时，他们错过了真正的成就带来的满足感。孩子到了年龄，就应该清楚而友善地告诉他父母所期望的："现在你已经不是婴儿，而是一个大男孩了，妈妈和爸爸希望你告诉我们什么时候需要去上厕所，我们会把你放在便盆上。"

回答问题

性教育分为两部分：信息和价值观。信息可以在学校、教堂或家中得到，但价值观最好在家里学习。孩子们通过观察父母之间的互动来了解性关系和爱情关系，他们看到父母亲吻、拥抱或示好，可以回答他们关于性和爱情的许多问题。这也鼓励他们敞开心扉，表达自己的深情和爱意。

性教育中，父母必须不能过早给出太多诱惑。虽然没有理由不坦率地回答孩子关于性的问题，但答案不必像产科课程一样严谨，可以用一两句话简短回答，而不是长篇大论。

告知孩子性问题的适当年龄是孩子提出问题的时候。当两三岁的男孩指着自己的生殖器想"这是什么？"时，这就是告诉他"这是你的阴茎"的恰当时机。尽管孩子可能会把阴茎称为嘘嘘或者鸡鸡，但成年人应该用正确的名字来称呼它。

当孩子想知道婴儿从哪里来时，我们不能告诉她婴儿是从医院来的或被鹳鸟送来的。我们可以告诉她："宝宝是在妈妈体内一个特殊的地方生长的。"根据进一步的问题，此时可能有必要也可能没有必要明确该位置为子宫。

一般来说，从幼年开始，儿童就应该学习器官的名称和功能，以及性别之间的解剖学差异。父母应仅仅就人体给出简洁的解释，而不应涉及其他的植物和动物。

有两个问题几乎困扰着所有学龄前儿童：婴儿是如何被孕育的？是如何诞生的？父母最好先听听孩子的说法，然后再发表自己的看法。她的回答通常涉及食物和排泄。一个聪明的孩子解释道："好宝宝是好食物变的。它们长在妈妈的肚子里，从她的肚脐里跳出来。坏宝宝是坏食物变的，是从医生那里来的。"

我们应该实事求是地解释，但不需要全面描述性交："父亲和母亲想要孩子时，父亲体内一种含有许多微小精子细胞，被称为精液的液体，与母亲体内的卵细胞结合。这两个细胞的结合开始了婴儿的生长。当婴儿足够大时，会通过母亲的阴道出来。"有时孩子要求看看他出生的地方，最好不要允许这种侵犯隐私的行为。相反，我们可以画一个人形，用娃娃做示范，或者用一本有插图的书来解释。

我们的回答可能只会让孩子在短时间内满意，他可能会带着同样的问题或附加的问题回来。孩子的下一个问题可能是父母害怕的问题："父亲的精子细胞是如何进入母亲的卵细胞的？"我们首先询问孩子对此的看法。我们可能会听到"播种"（爸爸给妈妈种种子）、"吃种子"（爸爸让妈妈吞下一个果核）、授粉（风让种子飞入妈妈体内）、手术（医生通过手术在妈妈体内种下种子）等理论。

对孩子的问题，可以做个简单回答："精液来自父亲的阴茎。它适合母亲的阴道。"这可能是强调精液与尿液不同的好时机："尿液是身体的废物。精液是携带精子细胞的液体。"

下一个可能出现的问题是："你和爸爸什么时候生孩子？"这并不像听起来那样在窥探隐私。一个简单的答案就足够了："父母独自在一起时,选择一个舒适的时间。他们彼此相爱,想要一个孩子来爱。"还可能需要补充一点,这属于隐私。

有些男孩希望父亲也能生孩子。他们问:"为什么母亲的卵子不进入父亲的体内?"父母要给出的解释是,女性的身体里有一个地方——子宫,婴儿可以在其中生长;男人的身体里则没有。孩子问:"为什么?"这并不罕见。简单的答案是:"因为男人和女人的身体构造不同。"最好向男孩们保证,婴儿也需要一个爱他们、保护他们的父亲。

归根结底,父母必须记住,尽管与孩子谈论性往往会非常尴尬,但保持幽默感将帮助他们度过最紧张的阶段。一位母亲讲述了一个有趣的故事:"我两岁半的儿子保罗问我有没有阴茎。我说没有,他问我那里有什么。我回答说:'妈妈们有一个特殊的地方。'保罗问:'它叫什么?'我告诉了他这个词,以为他太小了,不懂这一切。几个星期后的一天,我推着婴儿车里的保罗进了大楼拥挤的电梯。一个大嗓门的上了年纪的妇女问他:'你叫什么名字?假期过得愉快吗?你能打个招呼吗?'他没吭声。我俯身在保罗耳边轻声说:'打个招呼。''嗨!'他声嘶力竭地尖叫。女人尖叫道:'哦,至少他会打招呼!'保罗瞪了她一眼,清楚地说:'我也会说阴道。'电梯里哄堂大笑,我几乎无法保持镇静。进入公寓后,他说:'这是我知道的最重要的词。'"

裸　体

童年时期看到爸爸妈妈的裸体可能会激发孩子的性兴奋，这是否意味着我们必须回到维多利亚时代，谈性色变？并非如此。但这确实意味着我们需要隐私，不仅是为了我们自己的安静，也是为了孩子们的发展。洗澡和穿衣时，我们可以容忍孩子偶尔的侵扰和窥视，但不应该鼓励这种行为。我们应该特别小心，不要让孩子觉得我们希望他们探查我们。

我们知道孩子对人体很好奇。他们有机会观察小男孩和小女孩之间的差异，偶尔也会瞥一眼大人。他们希望看到更多。对他们的好奇心最好坦诚相待，但要坚持合理的隐私。"你可能想看看我的样子，但洗澡时，我希望一个人洗。我们可以看一些图片来解决你的问题。"这种方法没有攻击或妨碍孩子的好奇心，只是将其转移到更容易被社会接受的渠道。好奇心可以用语言表达，而不是用眼神和触摸。

手 淫

童年时期,手淫是令人愉快的,可能会给孩子带来安慰,但会给许多父母带来抵触。孩子可能会在孤独时懂得自爱,在无聊时找点儿事,在被拒绝时学会自我安慰。对父母来说,这带来了说不清的焦虑和担忧。大多数父母都听说过、读过,甚至经历过手淫,认为手淫是无害的,他们知道这不会导致精神错乱、不育、阳痿或其他祸患,但遇到自己的孩子在玩性器官时,他们会感到不安,并试图阻止他们。从理智上讲,父母认识到手淫可能是正常性行为发展的一个阶段,也可能一直持续到成年。尽管如此,一些父母还是很难接受孩子的手淫行为。

然而,手淫是孩子性尝试的自然组成部分。如果孩子在公共场所——餐桌上或车上——进行这种活动,父母应该提醒孩子,这种愉快的活动应该保密。重要的是,不要反应过度或羞辱孩子,只需要简短地直接评论——"触摸的感觉很好,但这是隐私行为,只能在你的房间进行。"

违禁游戏

婴儿喜欢研究自己的身体；孩子们喜欢互相探索。我们中的许多人都记得，小时候，在确保父母看不到的时候，我们对异性朋友说："你给我看你的，我就给你看我的。"这种对知识的渴望不容易熄灭。解剖学上的差异让孩子们感到困惑，他们需要发现不同，并不意味着他们有什么问题。即使解释了事实，理解了感受，孩子们依然可能继续相互探索。他们发明了一些游戏，比如玩医生游戏或过家家游戏，他们甚至会玩偷窥游戏。即使是性教育方面开明的父母也很难平静地应对这种情况，他们可能不会打孩子或羞辱孩子，但没有把握如何绝对禁止此类活动。在当今时代，有些父母甚至想知道是否应该干涉这种事情，因为他们担心会损害孩子未来的性生活。

两三岁的女孩看小男孩如何小便，在生理课程中被认为是正常的。在幼儿园里，孩子们共用同一个厕所，通过直接观察可以满足好奇心。然而，到了一年级，就不能再让孩子们随便看了。如果父母发现两个孩子在一起，男孩脱下了裤子，女孩拉起了裙子，不应该问他们："你们在做什么？"（如果孩子说出真相，那可能太尴尬了。）孩子不应该受到羞辱或斥责，比如说："你怎么了？你应该为自己感到羞耻！吉米，你现在回家。梅丽莎，我稍后再处理你。"

另一方面，不应该找个简单的借口或假装没看见，比如："你不觉得光着身子到处走太冷了吗？"应该告诉孩子们："吉米、梅丽莎，你们两个现在都需要穿好衣服，找点儿别的东西玩。"冷静、不张扬的态度使我们有可能在不损害孩子对性和爱的兴趣的情况下制止性尝试。

脏　话

没有一位家长真的认为自己的孩子对同龄人说脏话是天真的表现。这些词生动有力，意涵丰富，但被禁止使用，因此让孩子在使用时感到自己像个重要的大人一样。孩子们在秘密会议上使用一连串的脏话时，对他们来说仿佛是在发表独立宣言。

必须为孩子定义脏话并划定范围。父母应该坦率地表达自己对这个问题的看法。母亲可以说："我一点儿都不喜欢脏话，但我知道孩子们甚至一些大人会说脏话。我不想听。把脏话留给你的朋友吧。"同样，我们承认并尊重孩子们的愿望和感受，但要限制并引导他们的行为。

同性恋

看到刚进入青春期的孩子与同性朋友建立亲密甚至充满激情的关系，一些父母会感到不安。他们担心孩子的性取向，主要是担心孩子公开承认自己是同性恋时，可能会面临挑战。在青春期前，男孩们聚在一起，女孩们结成亲密的友谊。他们都会谈论性。他们比较自己的情感，一再讲述各自的发现。这种同性友谊是异性恋发展的必要前奏。

有些孩子和同性朋友尝试这种亲密关系。但我们现在知道，除非有这种倾向，否则他们会选择异性伴侣。

有的孩子比较幸运，他们的父母开明，容易接受，允许他们分享对性感受的担忧。而专家能告诉家长什么？几年前，同性恋青少年被送去接受心理治疗，但即使是弗洛伊德也不看好这类治疗能改变一个人的性取向。现如今，我们知道同性恋在很大程度上受到生物学的影响，因此，对性取向的问题，人们接受得更多，而且很少试图改变。

父母和孩子谈论同性恋时，不应该做出判断或做出道德暗示。此外，不要回避讨论一个男人爱一个男人而不是女人到底是发生了什么。当孩子问："为什么丽贝卡有两个妈妈？"不要隐瞒，给孩子讲述你所知道的关于这个话题最好的信息。他们会感激你，因为你信任他们，告诉他们真相，而不是试图躲避。

性教育

在生活、文学、电视和电影中，性禁忌一直在坍塌。我们这个时代坦率而自由，性不再是一个禁忌话题。在学校里教，在家里讨论，即使在教堂里，道德也会根据现实重新评估。事实上，性一直是一个受欢迎的话题。

青少年渴望学习关于性的一切知识。他们感到困扰、困惑，想要现实和个人的答案。青少年有机会认真讨论性问题时，会畅所欲言。他们想要寻找标准和意义，他们想接受自己的性取向，并将其融入自己的整体个性。

分享性经历

15岁的杰森和父亲讨论性和爱。他说:"我发现了男生和女生之间真正的不同之处。女孩为了得到爱情答应做爱,男孩为了做爱许诺爱情。跟她们做爱,再抛弃她们,是我的哲学。"

父亲:你做完爱后抛弃的那个女孩会怎么样?
杰森:那不关我的事。我不去想这件事。
父亲:想想吧。如果你是个女孩,因为对方许诺爱你,而发生了性行为,她的感受就是你的事了。

杰森的父亲申明了他的价值观,即诚实和责任关系到所有的人际关系。所有情况,无论是简单的还是复杂的,社会的还是性的,都需要个人诚实正直。

10岁的娜塔莉说:"我和父母生活在一个不言而喻的准则中:'没有深刻的问题,就没有真正的答案。'他们真的不想知道发生了什么。我也不能告诉他们。可以说,我是一个好女孩。"

15岁的约书亚抱怨道:"我父亲总是夸夸其谈要坦诚相待。但他的诚实在谈到性的时候就停止了。在这个话题上我的坦率不受欢迎。"

父母需要鼓励青春期的孩子诚实地表达他们对性的感受。当他们想说"不"时，不要说"是"；倾听他们的需求，尊重他们自己对舒适的定义；不要急于取悦他人或成为小集团的一员；不要仅仅为了让自己比现在更成熟而做爱，也不要把性和爱混为一谈。

许多父母对自己在青少年性生活中的角色感到困惑。17岁的萨莉要求母亲给她买避孕药，母亲咨询了一位心理学家："我了解我的女儿。她要坠入爱河，想做爱。有了避孕药，她至少会安全。但我很不舒服，这让她很容易去做爱。"

心理学家回答说："向父母索要避孕药的青少年在提出要求时，就表明他们还没有为成年做好准备。如果向青少年提供这些药丸，父母就剥夺了他们的一种重要体验：做出决定并接受后果。成年人不会将责任推卸给父母，而是会肩负起自己的责任。"

萨莉的母亲回家后，告诉女儿："亲爱的，如果你认为你已经准备好做爱了，那么你也应该准备好向医生咨询避孕药的事。如果我给你买了避孕药，那么就是我，而不是你参与了你的行为，并对你的行为承担责任。"

成熟的爱

"只有爱才能证明性是正当的。"16岁的贝蒂说,"所以我一直在恋爱。"这种愤世嫉俗的做法有着悠久的历史。贝蒂可能感到内疚,唯一能为自己的性行为辩护的方法就是坠入爱河。爱,无论是真实的还是想象中的,都能减轻她的内疚。但爱不仅仅是感觉和激情,爱是一种态度体系,是一系列行为,可以提高情侣双方的生活质量。浪漫的爱情往往是盲目的:承认所爱的人的优点,却看不到他们的弱点。相比之下,成熟的爱情接受优点而不否认弱点。成熟的爱情中,男孩和女孩都不会试图利用或占有对方,每个人都属于自己。这样的爱给予双方自由,让他们去展现自我,成就最好的自我。爱情和性是不一样的,但幸运的人能够把二者结合起来。

第十章

总结：育儿之道

养儿育女的目的是什么？是为了帮助孩子成长为一个体面的人，一个乐善好施的人，一个富有同情心、信守承诺、关怀他人的人。如何使孩子博爱仁慈？只有使用善良的方法。要知道过程就是方法，结局不能证明手段是正当的。试图让孩子表现得体、举止规矩的过程中，不能在情感上伤害他们。

孩子从经验中学习。他们就像未干的水泥，落在他们身上的任何一句话都会产生影响。因此，重要的是，与孩子交谈时，父母要学会不激怒、不伤害、不削弱孩子的自信心，不要让他们对自己的能力和自我价值失去信心。

父母定下家庭基调，他们对每个问题的反应决定了问题是升级还是降级。因此，父母需要摒弃拒绝的语言，学习接受的语言。他们知道哪些语言是被接受的，他们听到过自己的父母在客人和陌生人面前使用过。这种语言应该保护感情，而不是批评行为。

一名身穿牛仔裤的大学生过马路时，一名出租车司机差点撞到他。出租车司机勃然大怒，斥责他："为什么不看路，你这个流浪汉！你想被撞死吗？也许你需要你妈妈牵着你的手！"

年轻人站起身来，平静地问道："你是这样和医生说话的吗？"司机懊悔不已，道了歉。

如果父母像医生一样对孩子说话,就不会激怒孩子。

诺贝尔文学奖获得者托马斯·曼说:"言语本身即文明。"然而,语言既能使人文明,也能使人野蛮;既能使人受伤,也能使人痊愈。父母需要一种同情的语言,一种充满爱意的语言。他们需要表达感情的话语,需要扭转情绪的回复,需要鼓励善意的陈述,需要带来真知灼见的答案,需要流露出尊重的回答。这个世界上应该充满用心的交流。父母采用关爱的语言,体恤孩子的需求和感受,他们的话会更亲密无间、动人肺腑。这不仅帮助孩子树立自信、安全的积极形象,也教会他们尊重和体谅父母。

然而,用关爱的语言来代替通常的谈话方式并不容易。例如,布鲁姆先生参加了指导小组——是为那些想学习如何更有效地以更关心孩子的方式沟通的父母举办的。见了几次后,我们进行了以下交流:

布鲁姆先生:看来我对孩子们说的每一句话都是错的。然而,我发现很难改变我的教育方式。

吉诺特博士:改变态度、学习新技能并不容易。

布鲁姆先生:不仅如此,如果你说得对,我一直没有给孩子尊重和尊严,难怪他们不尊重我,不听我的。

吉诺特博士:你的意思是责怪自己没有更好地了解?

布鲁姆先生:我想你是对的。我会责怪自己,也会责怪孩子,而不是改变我和他们说话的方式。好吧,现在我知道该怎么做了。我必须停止指责,试一试你倡导的这种关心他人的语言是否真的有效。

但需要提醒父母的是，不要指望孩子总是欣赏你们新的沟通方式和关爱的语言。有时，孩子们会坚持要求父母解决问题，而不是理解他们的感受，就像这位母亲所说的那样。

一天，11 岁的儿子诺亚抱怨 7 岁的弟弟罗恩：

诺亚：我讨厌罗恩满口谎言，隐瞒欺骗，还不断打扰我。

母亲：一定很烦人。你在学校度过了漫长的一天，回到家，迎接你的是让你生活痛苦的弟弟。

诺亚：又来了。我知道我的感受。我不需要你告诉我。

母亲（平静地，没有辩解）：有人告诉我我的感受时，我觉得自己被理解了。

诺亚（更愤怒）：但我知道你理解我。我认为你太把吉诺特博士的课当真了。我不喜欢你的变化。

母亲：我能帮上什么忙？

诺亚：我希望你对罗恩大喊大叫。

母亲：但我明白了大喊大叫并不能解决任何问题。

诺亚：我需要你来解决我和罗恩之间的问题。

母亲：我以前也试过那样做，但现在不行了。你不喜欢这种变化。我学会了相信自己有能力解决自己的问题。

诺亚：那罗恩的谎言呢？我受不了。

母亲：就在昨晚，你爸爸告诉我，他对罗恩撒谎有意见，他的儿子诺亚提醒他，这只是一个阶段，让他冷静下来。你能想象一个 11 岁的男孩帮助他的父亲冷静地应对孩子的不当行为吗？

诺亚：我觉得我确实帮了他。也许我也可以帮帮自己。

受到孩子攻击时，不恢复原来对他们的反应方式需要技巧。这位母亲没有让诺亚决定自己的心情，也没有降低她继续实践所学内容的决心。因为当她承认儿子的困境时，觉得贴心和舒适，所以没有试图为自己辩解，也没有屈服于儿子解决问题的要求。相反，她帮助他培养了对自己解决问题的能力的信心，从而帮助他成长。

管教：
感情上宽容，行为上严格

关于管教问题，家长们想知道这本书中提倡的方法是严格的还是宽松的。本书提倡父母在处理孩子的不良行为时应该保持严厉，但所有的感觉、愿望、欲望和幻想都是被允许的，无论是积极的、消极的、还是矛盾的。像所有人一样，孩子无法控制自己的感受。有时，他们会感到贪婪、有欲望、内疚、愤怒、恐惧、悲伤、喜悦和厌恶。虽然他们不能选择自己的情绪，但要对自己表达情绪的方式和时间负责。

不能容忍不可接受的行为，强迫孩子改变不可接受的行为是令人沮丧的。然而，许多父母仍然问自己一些无用的问题：怎么让马克做家务？怎么强迫弗雷迪专心做功课？怎么让格蕾丝打扫自己的房间？怎么说服康尼不要在规定时间之外外出？如何强迫伊凡做些日常事务？

父母需要知道唠叨和督促徒劳无用，强制战术只会滋生怨恨和抵抗，外部压力只会招致反抗。比起试图把自己的意愿强加给孩子的父母，了解孩子的观点并让他们参与解决问题的父母更有可能影响孩子的态度。

举个例子："弗雷迪，你的老师通知我们你没有写作业。你能告诉我们问题出在哪里吗？我们有什么办法可以帮忙吗？"

无论11岁的弗雷迪回答什么，父母都开始了对话，能够找出问题的根源，从而帮助弗雷迪承担起做家庭作业的责任。

孩子们需要弄清楚什么行为是可被接受的，什么是不可被接受的。如果没有父母的帮助，他们很难不表现出自己的冲动和欲望。知道了什么行为是被允许的，他们会感到更加安全。

对父母来说，要制定规则，明确限制，设定限制比强制执行更容易。孩子挑战规则时，家长们往往很容易动摇，因为父母都是希望孩子快乐的。而当父母不允许孩子违反规则时，孩子可能会让父母感到失去了孩子对自己的爱，并因而产生内疚心理。

10岁的史蒂文看完电视后，父亲说："今晚不能再看电视了。"史蒂文非常生气，大叫道："你太坏了！如果你爱我，就会让我看最喜欢的节目，马上就开始了。"父亲很想让步。他很难拒绝这样的恳求，但他决定不开先例，他执行了自己设定的限制。

因为许多规则很难执行，父母也许会把这些规则按优先级排序，并且尽量减少规则。

关爱孩子并有效对待孩子是可能的

应用以下移情沟通原则，可以帮助父母关爱孩子、有效地与孩子相处。

1. 智慧始于倾听。富有同情心的倾听能让父母听到语言传达的情感，听到孩子的感受和经历，听到他们的观点，从而理解沟通的本质。

父母需要开放的心态，要敞开心扉，这会帮助他们倾听各种真相，无论是愉快的还是不愉快的。但许多父母害怕听，因为他们可能不喜欢听到的东西。如果父母无法营造出信任的氛围，鼓励孩子分享令人不安的感受、意见、抱怨和想法，孩子们就不会坦率真诚。孩子们只会告诉父母他们想听的。

如何营造出信任的氛围？通过对令人不快的事情的反应。下面的这些评价是没有好处的：

"多么疯狂的想法。"（打消）

"你知道你并不恨我。"（否认）

"你总是仓促行事。"（批评）

"你凭什么觉得自己很了不起？"（羞辱）

"关于这件事我不想再听到一个字！"（生气）

相反，父母应该像这样表示认可："哦，我明白了。很感激你能和我分享你的强烈情绪。所以，这是你深思熟虑后的观点。谢谢你引起我的注意。"认可不是同意，只是开启对话的方式，通过认真对待孩子的陈述以示尊重。

2. 不要否定孩子的看法，不要质疑他的感受，不要否认他的愿望，不要嘲笑他的品位，不要诋毁他的观点，不要贬损他的性格，不要与他的经验争论。相反，要认可他这一切精神上的选择。

在一个游泳池边，8岁的罗伯特拒绝跳入水中。"水太冷了，"他哭着说，"我感觉不太舒服。"他的父亲回答说："水不冷。是你搞错了。游泳池是加热的，但你很害怕。你胆小如鼠，哭得像个小婴儿。你说得好听，但性格软弱。"

父亲的话否定了孩子的感知，与他的经验争论，质疑他的感情，贬损了他的人格。

有用的回答要认可孩子的感受："你感觉不舒服，水似乎很冷。你希望今天不用跳进游泳池。"这样的回答往往会减少阻力。孩子感到被接受和被尊重，他的话受到了重视，没有受到指责。

10岁的玛丽向母亲抱怨"汤太咸了"时，母亲不假思索地否认了女儿的看法，回答说："不，不咸。我几乎没有放盐。"如果母亲学会认可女儿的看法，就会回答："哦，对你来说太咸了！"认可并不意味着同意。它只是表达了对孩子意见的尊重，在这个例子里，也表达了对味蕾的尊重。

3. 与其批评，不如引导。说明问题和可能的解决方案，不要对孩子说任何关于孩子自己的负面的话。一位母亲发现女儿借图书馆的书过期了,她很沮丧,猛烈抨击道:"你太不负责任了。你总是拖拖拉拉、丢三落四。为什么不按时把书还给图书馆?"经过指导,这位母亲学会了说出问题并给出解决方案:"书过期了,需要还给图书馆。"

4. 生气时,描述你所看到的、所感受到的和所期望的,用代词"我"开头:"我很生气,我很恼火,我很愤怒,我很愤慨,我很震惊。"不要攻击孩子。比利的父亲看到他4岁的儿子向朋友扔石头,并没有侮辱和羞辱孩子,比如说:"你疯了吗?你可能会把朋友弄残疾。这是你想要的吗?你真残忍。"相反,他大声说:"我很生气,也很沮丧。我们不会向人扔石头。不能伤害别人。"

5. 表扬时,如果你想赞赏孩子或赞扬他们的努力,就要描述具体的行为,而不要评价性格特征。12岁的贝蒂帮助母亲重新布置了橱柜,她的母亲没有使用形容词这样进行评价:"你做得很好。你很勤快。你会成为一个很棒的家庭主妇。"相反,她描述了贝蒂取得的成就:"现在盘子和杯子都整理好了,我很容易找到需要的东西。这个工作很难,但你做到了。谢谢。"母亲的认可让贝蒂做出了自己的推断:"我母亲喜欢我做的。我干得不错。"

6. 学会用一种不那么伤人的方式说"不",在幻想中给予你在现实中无法给予的东西。孩子们很难区分需要和想要。对他们而言,无论是什么,他们都需要:"我能买一辆新自行车吗?我真的很需要。我能吗?"在玩具店:"我需要这辆卡车。请给我买。"家长如何回答?最好不要简短地说:"不!你知道我们买不起。"通过表示理解孩子的愿望来认可他们的愿望，至少不会那么伤人。"哦，我多么希望能给你买一辆新自行车。我知道你多么喜欢在城里骑行，或者骑车去学校。这会让你的生活变得更轻松。现在，我们的预算不允许这样做。让我和爸爸谈谈，看看我们能为圣诞节做些什么。"或者，"我多么希望我有钱给你买"，而不是"你看到什么都想要。不，我不会给你买的，所以别再问了"。

17岁的伊丽莎白问妈妈："我需要戴你的钻石耳环去参加舞会。可以给我吗？"母亲很生气地回答："绝对不行！你知道我不让任何人戴我的钻石耳环。弄丢了怎么办？"不那么伤人的回应是认可孩子的愿望："我多么希望能多出来一对钻石耳环给你。我的首饰盒里还有别的，你想要哪个？"

父母很难拒绝孩子的要求，他们想满足孩子的欲望，他们希望看到孩子快乐。因此，当孩子提出无法满足的要求时，父母会感到沮丧和愤怒；不得不说"不"时，父母也会很严厉。通过认可孩子的愿望而不是生气，父母能够让孩子表达自己的感受。

7. 让孩子在影响他们生活的事情上拥有选择权和发言权。孩子依赖父母，而依赖会滋生抵触。为了减少抵触，父母要为孩子提供体验独立性的机会。自主性越强，抵触就越少；越自立，父母的怨恨就越少。

即使是对小孩子，也可以问："你想在吐司上涂果酱还是黄油？"或者告知他："睡觉时间在七点到八点之间。你可以决定什么时候累了去睡觉。"给孩子选择会产生什么区别？她可能对自己说：父母考虑到了我的愿望，关于我的生活，我有发言权。我是一个独立的人，我很重要。

我在报纸专栏中讨论了给孩子选择权的问题，收到了下面这封信，是对那篇文章的回复：

在你的专栏中，你提醒我们，即使是很小的孩子也需要能够做出一些选择。这是我要特别感谢你的地方。我要说的是，在人生的另一端，一个人可能再次像小孩子一样无助时，这句话也同样适用。

80岁的父亲身患癌症濒死之际，我和他在一起。看着他因如此依赖他人而感到沮丧，我又想起了你的话。不能控制自己的生活是多么可怕，我想，如果他能做出一些有效的选择，可能有助于减轻他的沮丧情绪。很多情况下，他也应该有发言权，比如，他想让我帮他上厕所吗？（客气确实会在某个时候消失，但应该由他来决定在何时。）他是想让我和他说说话，还是想让我安静地坐着？他想吃午餐吗？他想让孙子孙女们来看他吗？

其中有些事情很简单，但我觉得所有的这些事情他都应该有选择权。我也觉得这有助于我与他建立融洽的关系，并因自己错失这次建立关系的机会而悔恨。虽然我并不能减少疾病加诸他身体上的痛苦，但我希望能多少帮他减轻些死亡加诸他心理上的负担。

后　记

　　本书中提供的解决问题的方法，只有运用得当，才能减轻为人父母的任务。孩子们对需求的反应各不相同，有些孩子随和，很容易接受日常生活和人际关系的改变；有些则更为保守，只有在抗议和敦促下才接受改变；还有一些孩子积极抵制生活中的任何"新政"。父母应该明智地应用本书所倡导的方法，不要忽视孩子气质和个性的基本特征。

　　只有用充满尊重和同情的方法养育孩子，孩子才会茁壮成长。这种方法可以在父母和孩子之间富有挑战性的关系中，对感情产生更深的敏感性，对需求做出更大的反应。

　　一对年轻夫妇在加利福尼亚州迷宫般的公路上迷路了。"我们迷路了。"他们在收费站对警察说。

　　"你们知道自己在哪里吗？"警察问道。

　　"知道，"这对夫妇回答，"收费站上写着呢。"

　　"你们知道自己要去哪里吗？"警察继续问。

　　"知道。"这对夫妇异口同声地回答。

　　"那你们不是迷路了，"警察总结道，"你们只是需要明确的指引。"

　　父母也可以从明确的指引中受益，帮助他们在抚养孩子的过程中达到想要的目的。但除此之外,他们还需要运气和技巧。有人可能会问:"运气好了,为什么还需要技巧?"需要技巧是为了避免破坏运气。

(全书完)

新流
xinliu

会说的父母　肯听的孩子：亲子关系的非暴力沟通法

产品经理	于冰洁　于志远	装帧设计	人马艺术设计·储平
特约编辑	王　静	特约印制	赵　明　赵　聪
营销经理	肖　瑶	出版监制	吴高林

图书在版编目（CIP）数据

会说的父母　肯听的孩子：亲子关系的非暴力沟通法 /（美）海姆·G.吉诺特著；李双娟译. -- 石家庄：河北科学技术出版社，2024.4
ISBN 978-7-5717-1930-2

Ⅰ.①会… Ⅱ.①海…②李… Ⅲ.①亲子关系－家庭教育 Ⅳ.①G78

中国国家版本馆CIP数据核字(2024)第047815号

会说的父母　肯听的孩子：亲子关系的非暴力沟通法
HUISHUO DE FUMU KENTING DE HAIZI：
QINZI GUANXI DE FEIBAOLI GOUTONG FA

[美]海姆·G.吉诺特　著　李双娟　译

责任编辑：李　虎	经　销：全国新华书店
责任校对：徐艳硕	开　本：880mm×1230mm 1/32
美术编辑：张　帆 / 装帧设计：人马艺术设计·储平	印　张：7.75
出　版：河北科学技术出版社	字　数：180千字
地　址：石家庄市友谊北大街330号（邮编：050061）	版　次：2024年4月第1版
印　刷：凯德印刷（天津）有限公司	印　次：2024年4月第1次印刷
定　价：39.80元	书　号：978-7-5717-1930-2

版权所有　侵权必究
如发现图书印装质量问题，请与我们联系免费调换。客服电话：010-56421544